LISBETH PAHNKE

Britta, die Reitlehrerin

Schneider-Buch

Inhalt

Das Fohlen

Mit einem ärgerlichen Stoß kippte ich die letzte Karre auf den Misthaufen. Ich war es einfach leid, jeden Tag zeitig aufzustehen, um die schmutzigen Boxen zu säubern. Ich konnte den Stall und die Pferde nicht mehr sehen ...

Die Pferde ...? Ich mußte mich auf einen Heuhaufen setzen und darüber nachdenken. Was war eigentlich mit mir in der letzten Zeit los? Genaugenommen hatte ich wirklich keinen Grund, unzufrieden zu sein. Durch die offenstehende Stalltür konnte ich mein Pony Silber sehen. Munter sprang es mit den Fohlen vom letzten Herbst auf der Weide herum. Ich merkte an seinen Spielen und Sprüngen, wie gut es ihm ging. Es mußte wohl an mir selbst liegen. Vielleicht fühlte ich mich nur nicht gut und sah alles grau in grau.

Wenn doch irgend etwas Schönes geschehen würde, dachte ich mit einem tiefen Seufzer. Dann ging ich wieder an meine Arbeit und legte die Boxen mit frischem Stroh aus. Der Stall war leer, bis auf eine Box. Ich hatte die Stuten und die Jungpferde schon zeitig morgens auf die Weide hinausgelassen. Nun stand nur noch der kohlrabenschwarze Hengst, Görans neueste Erwerbung, in seiner Box. Aber der Hengst war ruhig, er hatte eben erst einen Arm voll Heu bekommen. Nun mußte ich einen neuen Heuballen aufbinden. Es war nicht leicht, und ich machte mich mit einem erneuten Seufzer an die Arbeit. Im gleichen Augenblick hallten feste Tritte über den Boden des Stalles, und lehmverschmierte Stiefel tauchten auf. Sie gehörten einem grinsenden Mädchen, das ein dickes Pony hinter sich herzog.

„Hei, du!“ rief sie mir fröhlich zu.

„Hei, Titti!“ antwortete ich düster. „Solltest du um diese Zeit nicht in der Schule sein?“

„Nicht heute! Heute bin ich nämlich krank! Darf ich Isabella für kurze Zeit hier unterstellen?“

„Natürlich, ist doch klar. Übrigens, du siehst wirklich elend aus!“ antwortete ich spöttisch.

„Du kannst es mir glauben, ich habe fürchterliches Kopfweh. Dagegen hilft nichts so gut wie ein ordentlicher Ausritt."

„Ordentlich mußt du schon geritten sein, wenn ich mir die Lehmspritzer so anschaue", stellte ich fest. „Ihr beide seid völlig schmutzig."

Titti führte ihr Pony in eine Box und sattelte es ab. Dann trat sie zu mir: „Was ist denn heute mit dir los? Warum bist du so sauer?"

„Ach, ich weiß es selbst nicht! Vielleicht bin ich nur müde, ich blieb gestern zu lange auf. Ich habe Fotos von Gazelle in mein Album geklebt und gar nicht bemerkt, wie spät es wurde."

„Du hast Fotos von Gazelle? Die muß ich sehen!"

„Gern, aber später. Ich habe Gazelle letzten Samstag geknipst, als ich bei Madde war. Sie hat schon einen recht runden Bauch . . ."

„Wer? – Madde?"

Ich mußte wirklich lachen! Und plötzlich hatte ich meine gute Laune wiedergefunden. „Aber, Titti, ich meine natürlich Gazelle!"

„Natürlich, sie soll ja in ein paar Wochen fohlen! Aufregend!"

„Ja, sehr aufregend! Madde und ich träumen ja schon seit einem Jahr von diesem Fohlen. Und jetzt wird es endlich wahr! Stell dir doch vor, ein eigenes Fohlen, *mein* Fohlen wird es sein! Aber du, soll Isabella nicht auch in diesem Jahr fohlen?"

Titti schüttelte den Kopf.

„Sie sollte – das stimmt! Aber leider wurde sie nicht trächtig. Der Tierarzt behauptet, sie sei zu fett. Frech, nicht? Aber vermutlich hat er recht. Nun versuche ich, sie ein wenig hungern zu lassen."

„Na, dann sei einmal tüchtig und konsequent", neckte ich sie. „Allerdings kann man bis jetzt noch keinen Erfolg feststellen."

„Na, und was ist mit Silber?" erwiderte Titti. „Er ist ja auch nicht gerade mager zu nennen!"

„Also haben wir uns beide nichts vorzuwerfen. Jede von uns hat ein richtiges Dickerchen als Pony!" stellte ich lächelnd fest. „Aber es ist Zeit für das zweite Frühstück", sagte ich nach einem Blick auf meine Uhr. „Kommst du mit ins Haus?"

Göran und ein paar Männer, die bei ihm auf dem Hof arbeiteten, saßen schon um den Küchentisch. Karin, seine Frau, hatte eine nette rot-grün karierte Decke aufgelegt und war eben dabei, Kaffee einzugießen. Wie üblich, hörten wir schon von weitem Görans tiefes Lachen. Am Tisch war ein lebhaftes Gespräch im Gange, es wurde über landwirtschaftliche Maschinen und über den neu erworbenen Traber debattiert.

„Madeleine hat eben angerufen", sagte Karin. Dann wandte sie sich erstaunt an ihre Nichte: „Sieh mal an – Titti! Wieso hast du heute keine Schule?" Aber ehe Titti antworten konnte, fuhr Karin fort: „Madeleine sagte, es sei wichtig! Du solltest sie gleich anrufen, wenn du kommst."

„Ja, danke", sagte ich und wurde plötzlich sehr unruhig. „Hat sie sonst nichts gesagt? Ist mit Gazelle am Ende etwas los?"

„Nein, sie sagte nichts. Aber ruf sie doch gleich an, das ist doch am besten."

Ich ging in das kleine Büro neben der Küche und drehte die vertraute Nummer von Madeleine. Sie war meine Freundin und bewohnte mit ihrem Mann einen großen Gutshof, zehn Kilometer von Görans Hof entfernt. Dort im Stall stand die Halbblutstute Gazelle, die wir im vergangenen Jahr gemeinsam gekauft hatten.

Dreimal mußte ich es läuten lassen, bis endlich jemand abhob. Ganz aufgeregt rief ich ins Telefon: „Du wolltest mich sprechen?"

„Ja!" rief Madeleine zurück. „Und rate, was geschehen ist!"

Ihre Stimme klang aufgeregt, aber so fröhlich, daß es nichts Schlimmes sein konnte. Ich blieb ganz still und wartete auf ihren Bericht.

„Britta hör! Kannst du nicht auf einen Sprung herüberkommen? Es ist . . . ‚Gazelle hat nämlich heute nacht gefohlt . . .!"

Ich konnte es noch nicht fassen.

„Heute nacht?" wiederholte ich nur. „Ist das wahr? Aber . . . sie sollte ja erst in zwei Wochen . . . Also du meinst es im Ernst? Sie hat gefohlt . . . ich meine, das Fohlen ist schon da?" Als ich am anderen Ende der Leitung Madeleines Lachen hörte, kam ich endlich zu mir.

„Bist du denn gar nicht neugierig?“ fragte sie.

„Es kam so plötzlich“, stotterte ich. „Laß mir Zeit, es zu begreifen!“

Ich setzte mich in Görans Schreibtischsessel. Gazelle hatte also gefohlt! Ein Fohlen, das mir gehören sollte, mir ganz allein.

„Und wie ging alles? Wann passierte es genau? Und was ist es denn geworden, ein Stutenfohlen oder ein kleiner Hengst? Wie sieht es aus?“

„Oh, es ging alles tadellos! Wir haben ein kleines Stutenfohlen. Aber komm doch zu mir! Sieh es dir an!“

„Ich werde Göran bitten, ob er mir freigibt! Den Stall habe ich schon sauber und fertig. Oh! Ich bin so aufgeregt!“

Ich tanzte geradezu in die Küche hinein und hätte beinahe Karin umgestoßen.

„Verzeih, bitte!“ sagte ich völlig geistesabwesend. Dann ging ich an den Kaffeetisch und setzte mich.

„Du siehst aus, als wolltest du platzen“, stellte Titti fest. „Ist etwas Besonderes geschehen?“

„Nei-ein, gar nichts“, erwiderte ich langsam. „Nur – Gazelle hat heute nacht gefohlt!“

Göran sah auf.

„Sieh an, war es schon soweit?“ sagte er nur. Für ihn war es ganz natürlich, daß die Stuten im Frühjahr fohlten.

„Göran, hast du heute noch eine besondere Arbeit für mich, oder kann ich zu Madeleine reiten?

Der Stall ist sauber und fertig. Ich verspreche dir, rechtzeitig zurückzukommen, um die Pferde heute abend in den Stall zu bringen."

Göran war nett, wie immer.

„Hau nur ab", sagte er. „Du könntest heute ja doch nichts Vernünftiges mehr tun . . ."

„Danke! Danke dir vielmals!" antwortete ich glücklich. Gleich darauf rannte ich los, um Silber von der Weide zu holen. Er stand ganz ruhig in der äußersten Ecke. Aber als er mich sah, hob er neugierig den Kopf und spitzte die Ohren. Ich blieb beim Gattertor stehen und lockte ihn mit leiser Stimme:

„Silber! Mein kleiner Bursche – Silber! Komm her zu mir!"

Silber kam schnaubend herangebraust. Seine dunklen Augen leuchteten. Auszureiten war sein großes Vergnügen, und mir schien, er genoß unsere gemeinsamen Ritte ebensosehr wie ich.

Ich führte ihn in den Stall, und er wieherte fröhlich, als wir an Isabella vorbeikamen. Isabella aber antwortete recht unfreundlich, sie schlug mit ihren Hufen wild gegen die Wände der Box.

„Du hast wirklich ein gut erzogenes Pferd!" neckte ich Titti. Dann holte ich eine harte Striegelbürste und bearbeitete Silber damit.

„Wie ist es, kommst du mit zu Madeleine?" fragte ich Titti. Aber sie ließ den Kopf hängen.

„Ich tät es ja so gern", antwortete sie, „aber das wird für Bella zuviel. Ich muß immer auf ihre schwachen Hinterbeine Rücksicht nehmen! Zu Madeleine und dann zu mir nach Hause – das sind mehr als zwanzig Kilometer, und das schafft sie einfach nicht."

Ich zog Silbers Sattelgurt an, um ihn bei dem gewohnten Loch einzuhaken, aber ich schaffte es kaum.

„Du könntest aber auch etwas gegen seinen kleinen Kugelbauch tun!" stellte Titti kritisch fest.

„Ach was, er ist genau richtig, so wie er eben ist! So, und nun reite ich", verkündigte ich glücklich und bemühte mich, Silber zum Stillstehen zu bringen, während ich aufsaß. „Hei! Lebwohl!"

„Hei! Und grüße das Fohlen!"

Noch nie ist mir der Weg zu Madeleine so weit vorgekommen wie an diesem Tag. Silber war munter und voller Kraft, und ich nahm alle Abkürzungen, die ich kannte. Endlich erreichten wir das Militärflugfeld, und ich gab Silber lange Zügel für einen gestreckten Galopp. Schon von weitem sah ich den Birkenhof, wo Madeleine lebte. Auf dem Weideplatz grasten das Vollblut Frisco Kid und der Hengst Rebell, nicht weit von ihnen das kleine Fjordpony Kulla-Gulla. Dann hatten wir den Kiesweg erreicht und trabten in den Hof. Madeleine kam heraus und ging uns bis zum Stall entgegen.

„Komm und schau!" flüsterte sie mir als Begrüßung zu und öffnete ganz vorsichtig die Stalltür. „Ich halte inzwischen Silber. Geh ganz nach vorn, bis du zu der großen Fohlenbox kommst . . ."

Ich übergab ihr die Zügel und ging in den Stall. Dort war es ganz still, es duftete wunderbar nach frischem Stroh und Heu. Ich schlich mich an den leeren Boxen vorbei und blieb dann in einiger Entfernung von der Fohlenbox stehen. Gazelle, meine schöne Schimmelstute, legte die Ohren unruhig nach hinten und ließ das Weiße ihrer Augäpfel sehen, als sie meine Schritte hörte. Nervös aufgescheucht, lief sie in ihrer Box umher und schaute mich beunruhigt an. In ihren sonst so ruhigen Augen flackerte ein mißtrauisches Blitzen. Ich redete sie langsam und mit leiser Stimme an und merkte dann, wie sie ruhiger wurde, als sie mich erkannte.

Endlich wagte ich es, vorsichtig über die Kante der Wand zu schauen. Gazelle stand jetzt ganz ruhig da und beobachtete mich mit wachem Blick. Und neben ihr, im gelbem Stroh, stand das Fohlen auf seinen wackeligen Beinen . . .

Nicht gerade eine Schönheit

Madeleine hatte Silber in eine Box vorn an der Stalltür gestellt. Nun kam sie zu mir. Eine Weile standen wir schweigend nebeneinander und schauten einfach nur auf das kleine Tier.

„Wie findest du es?“ fragte Madeleine schließlich.

„Ich weiß nicht recht“, antwortete ich etwas

enttäuscht. „Es ist nicht gerade eine Schönheit . . ."

Das stimmte. Es war ein ulkiges Fohlen! Man konnte es wirklich nicht als schön bezeichnen. Eine große, weiße Blesse breitete sich zwischen den Nüstern des Fohlens aus und streckte sich – wenn auch ein wenig ungleichmäßig – bis zu der dunkelbraunen, nahezu schwarzen Stirn. Das war das erste, was mir auffiel.

„Ein lustiges Abzeichen hat sie mitbekommen", meinte Madeleine.

Ich betrachtete das dunkle, ein wenig struppige Haarkleid des Fohlens, den dünnen Hals und den Kopf, der für den zarten Körper viel zu groß und viel zu schwer wirkte. Klein und schwächlich war das Tier, seine Ohren aber lang wie kleine Flügel. Die Stirn war noch rund wie bei den meisten Fohlen. Nein, man konnte nicht sagen, daß dieses Fohlen schön war.

„Willst du sie auch wirklich haben?" fragte Madeleine vorsichtig. „Oder sollen wir sie lieber verkaufen?"

Da spürte ich eine Welle von Zärtlichkeit für dieses eckige, kleine Fohlen in mir aufsteigen. Dieses Fohlen glich nicht dem Pferd meiner Träume, aber es gehörte mir! Ich öffnete die Tür der Box. Gazelle stand still da und sah uns an. Aber als ich in die Box trat, verkroch sich das Fohlen erschrokken unter dem Bauch der Mutter. Ich redete nun ganz leise und liebevoll mit den beiden, und das Kleine schaute doch tatsächlich vorsichtig, immer

Zum erstenmal sieht Britta ihr kleines Fohlen

noch von Gazelle geschützt, zu uns. Als ich eine Hand vorstreckte, um es zu streicheln, fuhr es heftig zusammen und zappelte mit allen vier Beinen, daß es plötzlich hilflos in das Stroh fiel.

„Das wird eine kleine Kratzbürste", sagte Madeleine lachend. „Aber jetzt sollten wir die beiden wieder zur Ruhe kommen lassen. Wenn morgen schönes Wetter ist, lasse ich sie eine Weile ins Freie. Hast du es sehr eilig, oder kommst du noch mit auf eine Tasse Tee, ehe du zurückreitest? Du kannst Silber inzwischen ein wenig Heu geben!"

Oben im Haus begrüßten uns die beiden großen schwarzen Hunde, Bamse und Rascal, mit lautem, fröhlichem Gebell. Sie rissen uns vor Begeisterung beinahe um und sprangen unermüdlich um uns herum, denn sie wollten geklopft und gekrault werden, eher ließen sie sich nicht auf ihren Platz in der Küche nieder. Dann half ich Madeleine den Teetisch decken und stellte den Brotkorb zurecht.

„Ich habe leider nur gekauftes Brot da", sagte sie. „Aber bitte bediene dich, es schmeckt trotzdem! Karin und Tove bieten stets Selbstgebackenes an. Ich begreife nicht, wie sie das schaffen. Wie kommt Tove übrigens mit dem Hengst Hoffmann zurecht? Hast du sie in der letzten Zeit gesehen?"

„Ja, und ich glaube, es geht alles tadellos. Dieses Pferd paßt eben zu Tove", erzählte ich. „Und Göran war bestimmt froh, daß er Hoffmann verkaufen konnte. Nun hat er auch für Pierina einen Käufer gefunden, weißt du das schon?"

„Ja, es spricht sich herum. Dann sind aber für dich nicht mehr viele Reitpferde auf den Hof?“

„Nein, wirklich nicht“, antwortete ich traurig. „Sicher, Hoffmann war zu groß und zu schwer für mich. Trotzdem war es interessant, manchmal auf ihm zu reiten und mit ihm zu arbeiten. Tove half mir meist dabei, und dadurch hat sie wohl ihre Liebe zu ihm entdeckt! Pierina ist ja ziemlich verrückt. Nie weiß man, was sie im nächsten Augenblick vorhat. Ich kann ihr sprunghaftes Wesen nicht so recht verstehen. Trotzdem machte es mir viel Spaß, sie zu reiten. Nun hat sie also ein Junge aus dem Nachbardorf gekauft, besser gesagt: sein Vater.“

„Bist du noch gern bei Göran?“ fragte Madeleine nachdenklich. „Ich meine, befriedigt dich die Arbeit im Stall?“

Ich zögerte mit einer Antwort.

„Gern bin ich bestimmt bei Karin und Göran“, sagte ich schließlich nach einigem Nachdenken. „Sie sind beide so herzensgut. Nie gibt es Streit im Hause, und ich darf völlig nach meinem Gutdünken und nach meiner Zeitplanung arbeiten, aber ... ich weiß nicht recht! Es ist alles so anders geworden. Du weißt doch, daß Göran sich diesen Traber-Hengst angeschafft hat. Ich habe immer mehr den Eindruck, als wolle er sich ernstlich und ausschließlich mit Trabern beschäftigen. Er plant, im Frühjahr mehrere Stuten zu kaufen, die dann gedeckt werden sollen und auf dem Hof bleiben werden, bis

Galopp

Trab

Traber sind Rennpferde, die nicht geritten, sondern vor einen Wagen gespannt werden. Diese Wagen nennt man Sulky. Bei Trabrennen dürfen die Pferde nur traben. Wenn sie galoppieren, ist es ein grober Fehler, und sie scheiden aus.

sie im nächsten Frühjahr fohlen. Ich bin überzeugt, daß Göran ganz bestimmte Pläne hat."

„Vermutlich wird er auch fremde Traber-Stuten in Pflege nehmen", sagte Madeleine. „Das kann sich allerdings gut bezahlt machen."

„Aber es macht nicht viel Spaß", hielt ich ihr entgegen. „Ich meine, wenn man an Trabern eben nicht interessiert ist. Schon jetzt kommen an den Wochenenden und an den Feiertagen viele Pferdebesitzer zu uns, um nach ihren Stuten und Jungpferden zu sehen, und es wird pausenlos über Traber geredet. Traber-Resultate, Traber-Tips, Rekordzeiten, Rekordspannen zwischen Einsatz und Gewinn... ständig geht es nur um Geld! Soll ich ehrlich sein? Langsam erscheint es mir recht trostlos, immer nur jeden Morgen die Pferde auf die Weide zu führen, die Boxen zu säubern und abends die Tiere wieder ins Haus zu holen. Irgendwie wird es monoton."

Ich goß mir eine frische Tasse Tee ein und redete dann gleich weiter. Nun war ich einmal dabei, mein Herz auszuschütten, und es war schön, jemanden zu haben, der zuhörte.

„Ich finde eben, man bekommt dadurch zu wenig Kontakt mit den Pferden. Was mir vorschwebt, ist, mich wirklich der Reiterei und den Reitpferden zu widmen! Vielleicht einmal als Lehrerin in einer Reitschule. Irgend so etwas muß doch möglich sein. Aber glaube jetzt bitte nicht, ich hielte mich für eine hervorragende Reiterin. Aber Anfängern die Grundbegriffe der Reitkunst beizubringen, das traue ich mir schon zu!“

„Apropos Reitschule“, ging Madeleine sofort auf meine Gedanken ein, „gerade gestern bekam ich einen Brief von meiner Freundin Kicki. Sie lebt in Dalen, und dort haben sich einige junge Leute zusammengefunden und bauen einen alten Stall um. Kicki und ihr Freund arbeiten fest mit, denn sie wollen im Sommer eine Reitschule eröffnen. Sie schreibt mir, ich solle sie einmal besuchen – und das will ich auch tun!“

„Das klingt einfach herrlich“, sagte ich, und Madeleine hörte bestimmt die Sehnsucht in meiner Stimme. „Ein Stall voller Reitpferde, das ist schon etwas anderes als ein Stall mit Trabern . . .“

„Fahre doch mit mir“, schlug Madeleine vor. „Ich fände es schön, wenn wir gemeinsam fahren könnten.“

„Gern, furchtbar gern!“ antwortete ich glücklich.

Der Reitklub

Es war ein Sonntagmorgen. Ich hatte frei und übte auf Silber eben *Schenkelweichen* im Trab. Während Göran mit dem Besitzer eines Trabers verhandelte, kam Madeleine mit ihrem kleinen Auto angefahren. Auf den Hintersitzen ihres Wagens drängten

Schenkelweichen

Beim Schenkelweichen muß das Pferd seine Beine über Kreuz setzen. Durch diese Übung bekommt es ein besseres Gleichgewicht und wird geschmeidiger.

sich ihre großen Hunde. Madeleine sprang aus dem Wagen und winkte mir zu. Ich gab Silber lange Zügel und kam ihr im Schritt entgegen.

„Du bist hart an der Arbeit, wie ich sehe!" begrüßte sie mich fröhlich. Ich klopfte meinem braven Silber den Hals.

„Heute war er tüchtig", lobte ich ihn. „Es ist sonderbar, manchmal scheint er furchtbar gelangweilt und lustlos beim Schulreiten, aber heute war mir, als hätte Silber richtig Freude daran gehabt."

Wir waren vor der Stalltür angekommen, und ich ließ mich aus dem Sattel gleiten.

„Für heute reicht es wohl! Wie geht es unserem kleinen Fohlen?"

Madde lachte. „Oh – es wird von Tag zu Tag munterer und frecher! Heute drehte es mir das kleine Hinterteil zu und schlug heftig nach mir aus, als ich Gazelle aus dem Stall führte. Ich glaube, dieses kleine Stutenfräulein hat Temperament! Du kannst dich auf allerhand gefaßt machen, wenn du einmal mit ihr zu arbeiten beginnst. Sie ist ein rechter Bösewicht!"

Ich ließ mich nicht beunruhigen: „Wenn ich nur öfters Zeit hätte, zu dir zu reiten, um mich mit ihr zu beschäftigen", sagte ich. „Alles ist ja viel leichter, wenn man junge Pferde zeitig an das Halfter gewöhnt und wenn man sie täglich selbst ausführt!"

„Hör mal", unterbrach mich Madeleine, „könntest du Silber heute ganz schnell versorgen? Du mußt wissen, ich bin auf dem Wege zu Kicki, meiner Freundin, von der ich dir schon erzählt habe. Vielleicht könntest du mitkommen?"

Wenig später saßen wir nebeneinander im Auto und nahmen Kurs nach Norden.

„Wie weit ist es eigentlich?" wollte ich wissen. Gleichzeitig versuchte ich, mir Bamse vom Leib zu halten, denn sein warmer Atem kitzelte mich am Hals.

„Etwa siebzig oder achtzig Kilometer. Wir müssen richtig aufs Land hinausfahren, und wenn man Kicki glauben darf, soll es ein bezaubernd schönes Fleckchen Natur sein."

„Und wie viele Pferde haben sie?"

Ganz genau konnte Madeleine diese Frage nicht beantworten, sie meinte aber, im Umkreis gebe es nicht nur viele Reitpferde, sondern auch Ponys, die alle zu dem Reitstall gebracht werden sollten, sobald dieser fertiggestellt wäre.

„Kicki behauptet ja, sie würden von früh bis spät nur hämmern und sägen."

Nachdem wir etwa eine Stunde auf der großen Autostraße gefahren waren, bogen wir nach rechts in einen schmalen Schotterweg ein.

„Hoffentlich stimmt es, ich bin nicht ganz sicher", sagte Madeleine. „Aber in dieser Richtung müßte der alte Gutshof liegen."

Zunächst fuhren wir etliche Kilometer über Acker- und Wiesenwege. Bald tauchten ältere Bauernhöfe auf, von denen manche völlig unbewohnt wirkten.

„Schau nur: dort sehe ich ein Pferd!" rief ich plötzlich und zeigte über das Feld vor uns. Drüben am Waldrand stand ein kräftiges Pferd mit gelblichem Fell. Es konnte ein Fjordpferd sein. Immerhin etwas, dachten wir und faßten Mut. Und wirklich, nach einer weiten Kurve hatten wir unser Ziel erreicht! Ein altes Gebäude, rot gestrichen, lag vor uns. Es machte den Eindruck, als sei es sehr lange unbewohnt gewesen, denn es war von einem verwilderten Garten umgeben, in dem nur alte, vertrocknete Kirschbäume standen, die ihre dürren Äste der schwachen Frühlingssonne entgegenstreckten. Dann entdeckten wir ein weißgetünchtes Stallgebäude, vor dem drei oder vier Autos geparkt waren. Gleich darauf jagte ein silbergrauer Pudel an uns vorbei hinter einer Ziege her, die mit rotgestrichenen Hörnern das Weite suchte. Auf einem Feld, schräg hinter dem Haus, waren mehrere Leute damit beschäftigt, einen soliden Zaun mit Gattertor aufzubauen.

Wir bogen auf den weiten Platz ein und stellten unser Auto neben den anderen ab. Sobald Madde den Motor abgestellt hatte, klangen die Hammerschläge deutlich zu uns herüber, dazwischen aber auch Stimmen aus dem Inneren des Stallgebäudes. Irgend jemand schlug das Tor des roten Hauses mit lautem Knall zu, und im selben Augenblick kam ein braun-weiß geschecktes Shetlandpony gemütlich um die Hausecke getrabt und betrachtete uns mit neugierigen Augen und gespitzten Ohren.

„Schau nur an, es läuft ja ganz frei herum!" rief ich begeistert aus. „Das ist doch herrlich!"

Das Pony kam uns entgegen, als gehöre ihm ganz allein der alte Stall. Langsam und bedächtig kam es auf seinen kurzen kräftigen Beinen daher und ließ sich willig den Hals klopfen und die Mähne kraulen.

„Madde! Madeleine! Wie schön, daß ihr da seid!"

Ein Mädchen von vielleicht achtzehn Jahren kam aus dem Haus gelaufen. Das kastanienbraune Haar trug es in zwei langen Zöpfen geflochten. Die Kleidung bestand aus einer grünen Manchesterhose und einem herrlichen, großen Wollpullover.

Wir begrüßten uns, und Madeleine stellte vor: „Das ist also Kicki, von der ich dir schon viel erzählt habe!"

„Wie ich dich kenne, hast du bestimmt die greulichsten Räubergeschichten über mich verbreitet!" lachte Kicki.

„Und dies ist Britta." Madeleine ließ sich nicht beirren. „Du weißt, Kicki, daß ich mit Britta zusammen Gazelle und das Fohlen habe! Britta interessiert sich sehr für euer Vorhaben", fügte sie hinzu.

„Kommt mit, dann zeige ich euch alles", antwortete Kicki. „Am besten gehen wir zuerst gleich in den Stall. Wenn man diesen alten Schuppen schon so nennen kann. Jedenfalls wird dies unser Stall, Thomas und seine Freunde arbeiten wirklich hart daran."

In der Stalltür tauchte jetzt die Ziege wieder auf, die bei unserer Ankunft an uns vorbeigaloppiert war.

„Diese Jungen!" schimpfte Kicki und zeigte auf die rot bemalten Hörner der Ziege. „Sie streichen ihre Pinsel ab, wo es ihnen gerade paßt. Letzte Woche hatte die Ziege weiße Hörner, denn da malten wir gerade das Dach ..."

Im Stall wurde eifrig gearbeitet. Alle Altersstufen waren vertreten. Überall herrschte Unordnung. Bretter und Planken lagen herum, daneben Hammer, Beile, Sägen.

Ein paar kleine Mädchen bemühten sich angestrengt, die Wand eines Verschlages ganz in der Nähe der Stalltür mit roter Farbe zu streichen. Weiter vorn zimmerten zwei Jungen die Türen der Boxen zurecht, unterstützt von Freunden, die aus dem bereitliegenden Bauholz alte Nägel herauszogen und die Latten zurechtsägten. Niemand kümmerte sich um uns. Deshalb blieben wir nahe der Stalltür stehen, um sie nicht zu stören.

„Wir wollen ganz hinten vier große Boxen machen", erklärte Kicki und zeigte zum Ende des Ganges. „Dann Verschläge zu beiden Seiten, und hier, an der Tür, wo die Kinder arbeiten, sollen Pony-Verschläge gebaut werden. Die sind ja beinahe fertig. Zunächst werden wir also für zehn Pferde Platz haben. Aber wenn es notwendig ist, können wir ja weiter ausbauen."

„Und wieviel Pferde habt ihr jetzt?" fragte ich.

Kicki antwortete: „Haben ... haben ... ehe der Stall und auch die Weideplätze nicht ganz fertig sind, können wir keine Pferde annehmen. Demnach haben wir im Augenblick nur zwei. Sie stehen drüben im alten Fahrzeughaus, neben dem kleinen Anbau. Dort gab es zwei riesengroße Boxen für Ardenner, die haben wir schon gerichtet. Der Scheck ist unser Hauspferd. Ihr habt ihn schon gesehen, sicher läßt er es sich auch heute gutgehen und läuft ums Haus herum. Dann haben wir noch Rauhbein. Er arbeitet zufällig einmal! Hasse hat ihn angespannt und fährt gerade die Latten für den Zaun zur Reitbahn hinaus."

Rauhbein – das mußte also das Pferd sein, das wir oben am Waldsaum gesehen hatten, überlegte ich, während wir den Stall verließen.

„Und hier seht ihr den alten Stall", sagte Kicki

und zeigte auf ein kleines Haus, das etwas abseits stand.

„Aber das ist doch ein Haus!“ protestierte ich.

Kicki lachte.

„Stimmt genau! Es wurde auch, bis unser Klub das ganze Anwesen mietete, bewohnt. Das gute dabei ist, daß der Stall an das Haus angebaut wurde.“ Sie kicherte verschmitzt. „Wer weiß, vielleicht lagen die Schlafräume unmittelbar daneben? Müßte es nicht gemütlich sein, bei Pferdegetrampel und Gestampfe und was noch alles so durch die Wände dringt, einzuschlafen? – Aber seht doch!“ rief sie plötzlich und zeigte zur Reitbahn. „Sie haben tatsächlich schon den halben Zaun aufgestellt. Da kommt auch Hasse mit Rauhbein angefahren. Sie bringen eine neue Ladung Bretter! Die einzige, die hier nichts tut, bin also ich. Es wird Zeit, daß ich ins Haus gehe. Drinnen warten die Mädchen auf mich, wir waren nämlich gerade dabei, Gardinen aufzuhängen, als ihr ankamt . . .“

„Können wir nicht irgendwie mithelfen?“ fragte ich voller Eifer.

„Wenn du Lust hast, kannst du Kaffee kochen. Ich bin überzeugt, daß Hasse gern eine Tasse trinken würde, ehe er die nächste Ladung rausfährt. Also, kommt ins Haus!“

Ich beginne zu träumen

Wir betraten eine große altmodische Küche. Zwei Mädchen von etwa fünfzehn Jahren hatten eine Bank vor eines der Fenster gerückt und standen nun mit den Zehenspitzen darauf und hängten grüngelb karierte Gardinen auf.

„Hübsch, diese Gardinen", stellte Madeleine fest.

„Vielen Dank!" beeilte sich Kicki dieses Lob einzuheimsen. „Ich habe sie nämlich ausgesucht und genäht!" Die beiden Mädchen waren nun fertig, sprangen von der Bank, traten ein paar Schritte zurück, um ihr Werk im richtigen Abstand zu betrachten.

„Sie machen diese riesige, langweilige Küche nahezu hell", sagte eines von ihnen.

„Sei bloß froh, daß die Küche so groß ist!" meinte Kicki. „Und wenn ihr euer Werk genügend bewundert habt, lauft zu den anderen in den Stall und sagt, daß es Kaffeezeit ist."

Nun halfen wir alle, und im Nu war der Kaffee fertig. Auf den großen, runden Küchentisch stellten wir Tassen und Teller.

„Von allen Seiten wurde uns altes Geschirr gespendet", erzählte Kicki, „deshalb sind die Tassen so bunt! Wundert euch auch nicht, wenn manchmal die Henkel fehlen . . . Ach, zu dumm! Jetzt haben wir wieder vergessen, Kaffeelöffel mitzubringen."

Mit betrübter Miene hielt sie einen kleinen Plastiklöffel in die Höhe, der in der Kaffeedose steckte.

„Der einzige Kaffeelöffel des Klubs!" verkündete sie lachend. „Wir müssen ihn eben rundgehen lassen."

In lehmigen Stiefeln und mit schmutzigen Händen kamen sie alle nacheinander in die Küche und setzten sich. Irgend jemand hatte ein langes Weißbrot mitgebracht, das ich jetzt in Scheiben aufschnitt und auf einer Platte anordnete. Die meisten hatten belegte Brote mit, ebenso Thermosflaschen mit warmem Kakao. Es wurde recht eng um den Tisch, aber alle schienen sich wohl zu fühlen.

„Die reinste Invasion, was?" sagte Kicki, die mit ihrem Freund Thomas neben uns saß. „Was haben wir doch für ein Glück, daß wir dieses alte Haus als Klubhaus bekommen haben! Am schönsten finde ich, daß wirklich alle mithelfen, ob es nun Mädchen, Jungen oder Erwachsene sind."

„Und woher werdet ihr die Pferde für die Reitschule bekommen?" wollte ich wissen.

„Zunächst bringt Hasse noch zwei Pferde, sobald wir hier mit dem Umbau fertig sind. Dann haben wir ein Mädchen am Tisch, dessen Onkel ein nordschwedisches Pony hat, das sich nicht anspannen läßt. Meistens reitet das Mädchen auf dem Pony, und das wird auch bei uns im Stall stehen. Dann wollen die Schecken noch ein Pony anschaffen."

„Die *Schecken* . . .?“

„Ja, die Schecken! Das ist nämlich eine ganze Familie. Ihnen gehört der Schecke, das kleine Pony, das ihr schon kennt. Sie besteht aus Vater, Mutter und drei Kindern. Alle kommen sie herüber und arbeiten mit, wenn sie eine Stunde Zeit haben. Schließlich gibt es noch Leute“, redete Kicki weiter und gab Thomas einen freundlichen Seitenstoß, „Leute, die ständig behaupten, sie würden sich ein Pferd anschaffen! Wie ihr seht, werden es zunächst Privatpferde sein, über die wir als Reitschule stundenweise verfügen können. Aber irgendwann einmal in ferner Zukunft wird unser Klub auch so weit sein, daß er sich eigene Pferde leisten kann.“

Langsam leerte sich die Küche wieder. Die beiden Mädchen, die vorher die Gardinen aufgehängt hatten, machten sich jetzt ans Geschirrspülen.

Ich griff mir ein Tuch und trocknete ab. Dabei hörte ich, wie Madeleine Kicki fragte, wen sie als Reitlehrer nehmen wollten.

„Die Frage ist noch nicht geklärt“, antwortete Kicki mit einem Seufzer. „Wir haben nicht die Mittel, jemanden anzustellen. Jedenfalls nicht jetzt, am Anfang. Deshalb wollen wir uns abwechseln. Hasse und Thomas sind sehr gut. Ein paar Freunde und ich haben ebenfalls so viel Erfahrung, daß wir Anfänger unterrichten können . . .“

Ehe wir zurückfuhren, machten Madeleine und ich noch eine Runde und sahen uns alles an. Auch das Fjordpony Rauhbein begrüßten wir, ein kräftiges, kleines Tier mit dichter Mähne und einem ungewöhnlich dicken Schwanz. Dann fuhren wir los.

Wir beide waren recht still. Es war ein schöner und ereignisreicher Ausflug gewesen, und ich hatte mich sehr wohl gefühlt. So dachte ich die ganze Fahrt bis nach Hause über alles nach, überlegte, schmiedete Pläne und träumte. Wie schnell aber ein Teil dieser Träume Wirklichkeit werden sollte, das wußte ich damals noch nicht!

„Ich habe das Gefühl, daß ich für eine Reitschule bestimmt bin", sagte ich einige Zeit später zu Madeleine, als wir wieder einmal beisammensaßen und unsere Zukunftspläne diskutierten. „Junge Leute und Pferde! Sich damit zu beschäftigen, ist für mich das Schönste! Deshalb würde ich am liebsten einen Kursus mitmachen, um genau zu lernen, wie man die hohe Reitkunst anderen beibringt, wie man alles, was mit dem Reiten zusammenhängt, so erklärt, daß die anderen es verstehen."

Wir hatten uns auf ein Gattertor geschwungen und beobachteten die Pferde, die sich langsam auf der großen Weidefläche bewegten und gierig nach dem ersten spärlichen Vorsommergrün schnappten. Mein Fohlen, das jetzt Siboney hieß, war gewachsen, und ich fand, es war auch hübscher geworden. Konnte es daran liegen, daß ich es nicht so oft sah oder mich ganz einfach an sein ulkiges Äußeres gewöhnt hatte? Nach der Geburt hatte es eigentlich nur aus einem schwächlichen, kleinen Körper und aus zitternden Beinen bestanden. Nun aber hatte es alles Kantige verloren und sich zu einem munteren, frechen kleinen Fohlen-Mädchen ausgewachsen, das jedem und jeder Sache blitzschnell das Hinterteil zukehrte, wenn ihm irgend etwas nicht paßte. Seit einiger Zeit unternahm es auch schon ganz selbständige kleine Ausflüge und kümmerte sich nicht mehr viel um seine Mutter.

„Findest du es gar nicht sonderbar, daß Siboney eigentlich niemals fröhlich ist?“ meinte ich zu Madeleine. „Fast nie stellt sie die Ohren auf, wenn man mit ihr spricht! Und will man sie striegeln oder auch nur kraulen, entzieht sie sich jeder Berührung. Ich hatte mir doch erträumt, ein richtig liebes, anhängliches Fohlen zu haben – so wie es immer in den Büchern steht.“

Madeleine nahm meine Bedenken nicht sehr ernst.

„Sie ist ein kleiner Zankteufel und recht eigenwillig“, war das einzige, was Madeleine zugab. „Es gibt immer Pferde, die zurückhaltender und viel reservierter sind als andere. Hast du schon gesehen, was für schöne Beine sie hat? Letzten Endes willst du später einmal auf Siboney reiten? Du willst sie ja nicht zu deiner Gesellschaftsdame heranziehen!“

„Du hast recht, wie immer“, seufzte ich. „Vermutlich bin ich durch Silber verwöhnt, der immer munter und stets fröhlich ist. Aber natürlich – alle Pferde können nicht so sein wie mein Silber!“

„Ich mache dir einen Vorschlag“, sagte Madeleine ernst. „Wir lassen den Tierarzt kommen, er soll sie gründlich untersuchen, dann weißt du genau, wie es mit ihr steht. Und damit du vor allem beruhigt bist. Dann werden wir sie schon nach und nach aus ihrer Verkapselung herauslocken."

Den Tierarzt zu befragen, hielt ich für eine großartige Idee. Also rief Madeleine ihn an. Da er gerade an diesem Nachmittag in unserer Nähe zu tun hatte, kam er gleich vorbei und besah sich Siboney. Wir hatten sie und Gazelle zunächst in den Stall geführt. Dann hatte ich dem Fohlen mit List und Tücke ein Halfter umgelegt und führte es wieder auf den Platz vor den Stall. Aber das war ihm nun gar nicht recht! Es warf seinen Kopf wild hin und her und sich selbst mit dem ganzen Körper rückwärts, daß es sich beinahe hinsetzte. Aus dem Stall klang Gazelles herzzerreißendes Wiehern. Das machte die Sache natürlich auch nicht besser. Es blieb uns nichts anderes übrig, wir mußten auch Gazelle wieder herausführen, und erst dann standen beide Tiere ruhig und still vor dem Tierarzt. Er begann sofort mit der Untersuchung: Trotz Siboneys heftigem Protest betrachtete er sehr genau ihre Zähne, dann befühlte er ihre Beine. Schließlich mußten wir mit den Pferden laufen, während der Arzt aufmerksam zusah.

Immer wieder murmelte er etwas vor sich hin, schließlich sagte er: „Sie hat einen markanten Unterbiß, das steht fest! Sonst ist an dem Tier nichts auszusetzen. Freilich ist es etwas klein. Aber das

. . . dann laufen Britta und Madeleine mit beiden Pferden über den Hof.

wird sich noch ändern. Im übrigen hat sie ausgezeichnete Beine und ebenso gute Hufe."

„Das mit dem Unterbiß ...", begann ich vorsichtig, „hat das etwas zu bedeuten?"

Der Tierarzt beruhigte mich. Er erzählte, daß er schon Pferde gesehen hatte, die viel ärger aussahen, daß man sich gar nicht vorstellen konnte, daß sie mit solchen Vorderzähnen überhaupt Nahrung aufnehmen konnten. Trotzdem hatten sie gefressen und sich wie normale Pferde entwickelt. Man müßte

die eigenartige Formung des Unterkiefers als eine Art Schönheitsfehler hinnehmen. Sicher habe Siboney dadurch den etwas eigensinnigen Ausdruck.

Es war zu verstehen, daß ich trotzdem noch manchmal darüber nachdachte und mir vornahm, gelegentlich einen anderen Tierarzt um Rat zu fragen.

Inzwischen war es schon recht warm geworden. Görans Traber konnten auch in den Nächten im Freien bleiben. Das war schön für mich, denn die Stallarbeit war jetzt um vieles leichter. Ich hatte nur die Boxen der Hengste sauberzuhalten und noch zwei andere Boxen, in denen vorübergehend Stuten standen, die lahmten. Sie hatten einen Ausbruchversuch unternommen und waren dabei in den Stacheldraht des Zaunes geraten.

In dieser Zeit widmete ich mich energisch der Dressurarbeit mit Silber und übte auch an selbstgebauten Hindernissen das Springen. Mit Siboney beschäftigte ich mich, so oft es meine Zeit erlaubte – und trotzdem war irgend etwas nicht so, wie es sein sollte. Ich empfand immer wieder eine Leere in meinem Leben. Ich sehnte mich nach einer echten Aufgabe.

Als mich dann Madeleine an einem dieser Abende anrief, war ich zunächst stumm und fassungslos. Ja, ich glaubte, sie scherze. Denn was sie mir sagte, klang viel zu schön, um wahr zu sein.

„Herzlich willkommen!“

„Du!“ rief Madeleine aufgeregt ins Telefon. „Ich muß dir etwas Tolles erzählen! Kicki hat mich eben angerufen und mir eine endlose Geschichte erzählt; sie können vermutlich von der Landgemeinde einen Beitrag für ihren Reitklub bekommen. Aber nur, wenn sie einen Reitlehrer haben. Sie redete und redete. Ich habe zunächst nicht alles begriffen. Schließlich aber ging mir auf, was sie meinte: Wenn sie es so machen, wie sie geplant hatten, also abwechselnd selbst Reitunterricht geben, bekommen sie keinen Zuschuß. Stellen sie aber jemand ein, dann gibt die Gemeinde das Geld! Und deshalb rief Kicki mich an. Sie wollte wissen, ob ich jemanden wüßte! Klar, daß ich sofort an dich dachte!“

„Aber ich bin doch keine Reitlehrerin“, antwortete ich zögernd.

„Nein. Aber du hast jetzt die Chance, eine zu werden!“ erwiderte Madeleine. „Hast du nicht selbst vor kurzem gesagt, daß du genug kannst und weißt, um Anfänger zu unterrichten. Es wird sich um Anfänger handeln, da dieser Klub neu gegründet wurde und in der Gegend bisher nicht viel geritten wurde.“

Ich mußte an den Tag denken, an dem ich mit

Madeleine in Dalen war, und plötzlich wußte ich, daß ich nichts auf der Welt lieber täte, als in diesem Klub Reitlehrerin zu werden.

„Glaubst du denn, daß sie mich haben wollen?" fragte ich. „Sie möchten am Ende jemand, der einfach alles kann?"

„Das wichtigste ist doch", begann Madeleine, und sie wirkte sehr erwachsen bei diesen Worten, „daß du mit den Mädchen und Jungen richtig umgehen kannst. So junge Leute sind manchmal viel schwieriger zu führen als Pferde!"

„Jag mir bitte keinen Schreck ein", antwortete ich schnell. „Ich habe jetzt schon Herzklopfen, und du weißt doch ganz genau, wie gern ich diesen Job übernehmen möchte. Es kommt wie eine ideale Lösung für all meine Probleme! Aber was soll ich Göran sagen? Du – Madeleine! Jetzt fällt mir eines nach dem anderen ein: Silber nehme ich selbstverständlich mit. Aber was mache ich mit Gazelle und Siboney?"

„Ach was, das sind doch keine Probleme", erklärte Madeleine leichthin. „Siboney kannst du noch gut ein paar Monate bei mir auf der Weide lassen. Später, wenn sie entwöhnt ist, holst du sie eben nach."

„Es ist nicht nur das", antwortete ich langsam und nachdenklich. „Wenn ich diese Arbeit übernehme, dann scheint mir, als habe es wenig Sinn, meinen halben Anteil an Gazelle zu behalten. Ich werde dann ja weit weg von euch leben."

„Wir finden eine Lösung!“ sagte Madeleine. „Überlege: Könnten wir es so machen, daß ich Gazelle behalte und du Siboney übernimmst, denn so hatten wir es ja vorbestimmt. Dann müssen wir uns nur darüber einigen, wieviel Geld du von mir zu bekommen hast. Denn Gazelle – die halbe Gazelle! – ist mehr wert als die halbe Siboney ...“

„Wir mit unseren ‚halben Pferden‘, das können wir später in Ruhe besprechen.“ Jetzt lachte ich immerhin schon. „Willst du aber jetzt so gut sein und mit Kicki telefonieren und ihr sagen, daß ich gern den Job übernehmen will? Wenn sie mit mir einverstanden ist, dann frage sie bitte, wann ich anfangen soll – denn dann muß ich sofort mit Göran reden. Himmel, wird das spannend!“

Ein paar Tage lang ging ich wie auf Wolken, und sowie das Telefon klingelte, sprang ich auf. Dann verging auch diese Spannung, und ich war langsam überzeugt, daß nichts daraus werden würde.

Und dann rief Kicki an!

„Hast du noch immer Lust, als Reitlehrerin bei uns anzufangen?“ fragte sie.

„Lust?“ rief ich glücklich. „Ich kann mir nichts Schöneres vorstellen.“

„Ausgezeichnet“, hörte ich Kickis Stimme im Telefon. „Wir wollen unsere Reitschule offiziell am ersten Juli eröffnen, aber wenn du etwas früher kommen könntest, wäre es natürlich gut. Du kannst dir die Pferde anschauen, du lernst sie kennen, und wir könnten noch einige Fragen in aller Ruhe durchsprechen . . ."

Ich sprach mit Göran und stieß auf größtes Verständnis. Er stellte mir frei zu gehen, wann es mir am besten paßte. Da die Pferde ja doch Tag und Nacht im Freien waren, kam er mit Anderssons Hilfe gut zurecht, bis er wieder jemand finden würde.

Am Tage vor meiner Abreise wusch ich Silber mit warmem Wasser und Hunde-Shampoo. Als sein Fell wieder trocken war, striegelte ich ihn so lange, bis er glänzte. Dann nahm ich das Zaumzeug, das Halfter und den Sattel, zerlegte alles in möglichst kleine Teile, reinigte jedes Teil ganz gründlich und schmierte danach alles mit Lederfett ein. Zum Schluß wusch ich noch die Striegelbürsten. Am Nachmittag kam Madeleine und holte mich ab, ich sollte mich bei Gazelle und Siboney verabschieden. Die kleine, widerspenstige Siboney begriff natürlich nicht den Ernst der Stunde, sondern sprang davon, so, wie ich mit ihr reden wollte. Schließlich aber glückte es mir doch mit vielem Locken und manchen Koseworten, nicht zuletzt vielleicht durch ein paar Brotreste, eine kleine Plauderstunde mit ihr zu genießen. Noch einige Monate, dachte ich, und dann werde ich sie ganz bei mir haben. Dann wollten wir sehen, ob sie sich nicht ein wenig zugänglicher und bereiter für eine Zusammenarbeit zeigen würde. Ich hatte das sichere Gefühl, daß sich alles zum Guten wenden konnte, wenn ich sie täglich versorgen und pflegen würde.

Dann brachte mich Madeleine mit dem Wagen wieder zurück, obwohl es noch zeitig war. So konnte ich in Ruhe mein Gepäck fertig machen. Göran hatte nur seinen Pferde-Transporter zugesagt, und Madeleine versprach, ihn zu fahren.

Am nächsten Morgen führten wir Silber in den Wagen, und dann packten wir all meine Sachen ein. Zuletzt ging ich durch das ganze Haus und verabschiedete mich von allen, die zum Hof gehörten. Es war nicht einfach. Um darüber hinwegzukommen, sagte ich Karin, daß ich ihr herrliches Essen sehr vermissen würde. Sie aber meinte, ich könne jederzeit zurückkehren, wenn ich hungrig sei, und damit verabschiedeten wir uns.

Madeleine saß ganz ruhig am Lenkrad des großen Wagens und fuhr sehr sicher. Ich warf einen nervösen Blick in den Rückspiegel. „Findest du es albern, daß ich Reitstiefel und Reithosen, sozusagen die ganze Uniform anhabe?“ fragte ich etwas unsicher Madeleine, während ich meine graublauen Augen kritisch im Spiegel betrachtete.

„Wieso sollte das albern sein? Aber eines – ich würde an deiner Stelle die Reitjacke ausziehen und einen Pullover überstreifen. Dort auf dem Lande werden wohl alle in Jeans und Pullis erscheinen, vielleicht kommst du dir dann in deiner Reitjacke zu schick vor. Allzu bequem ist sie ja auch nicht, glaube ich.“

Also suchte ich in meiner großen Reisetasche, bis ich den hübschen, grünen Pulli fand, den ich haben wollte. So, wie ich ihn dann anhatte, anstelle der elendig knapp sitzenden Reitjacke, fühlte ich mich viel freier, und alle Nervosität fiel von mir ab. Gleich darauf aber warf mich Madeleine erneut aus meinem Gleichgewicht.

„Mir geht eben etwas durch den Kopf", sagte sie. „Wo wirst du eigentlich wohnen?"

Ich starrte sie an, und meine Augen mußten Entsetzen ausdrücken, denn ich spürte, wie Kälte in mir hochkroch.

„W-w-woh-nen?" stotterte ich.

„Ja. Wohnen. Du mußt dir doch überlegt haben, wo du wohnen wirst", erklärte Madeleine ganz ruhig.

„Ja, ja . . . ich meine, das ist klar . . .", stammelte ich völlig verwirrt. „Oh, Madeleine!" gestand ich dann mit einem tiefen Seufzer, „ich begreife einfach nicht, wie ich das vergessen konnte. Aber ich habe tatsächlich nicht mit einem einzigen Gedanken darüber nachgedacht, wo ich wohnen soll." Es klang sehr unglücklich. „Daß Silber einen Platz in dem Stall bekommen würde, davon war ich überzeugt, aber ich selbst . . . Wie kann man nur so verträumt sein?"

„Kicki und ihre Leute müßten sich eigentlich auch darüber Gedanken gemacht haben. Vermutlich haben sie schon etwas vorbereitet", meinte dann Madeleine beruhigend.

„Darauf hoffen kann ich ja", antwortete ich etwas erleichtert. „Aber ich komme mir jetzt wirklich dumm vor! Das ist wieder typisch für mich – so etwas zu vergessen!"

Als wir endlich am Ziel waren und vorsichtig in den großen Platz vor dem Stall einbogen, merkten wir sogleich, daß hier in der letzten Zeit viel gearbeitet worden war.

Am Eingang war ein großes Schild mit zwei steigenden Pferden, darauf stand in sauberen, hübschen Buchstaben „Dalens Reiterklub". Hinter dem Stall waren verschiedene Weideplätze eingezäunt worden. Dort grasten Pferde aller Jahrgänge und Größen.

Wir hatten eben den Motor abgestellt und waren aus dem Fahrerhaus gesprungen, als wir den rhythmischen Takt galoppierender Hufe hörten. Im nächsten Augenblick kam ein kleines braunes Russen-Pony um die Ecke gestürmt, auf ihm saß ein kleiner Junge, der sich mit aller Kraft an der Mähne des Ponys festhielt. Das Pony blieb vor unseren Füßen stehen, und der Junge flog uns genau in die Arme, über den Hals des Pferdes hinweg. Da öffnete sich auch schon die Haustür, und wir hörten eine Frauenstimme rufen: „Aber, Lillebror! Doch nicht schon wieder!"

Es zeigte sich, daß der sommersprossige Junge ein kleines Mädchen war, das sich lauthals bei seiner Mutter beklagte.

„Lillebror ist nicht zu halten!" schrie die Kleine

böse. „Immer macht er kehrt und galoppiert zum Haus zurück! Scheck ist viel braver!"

Die Mutter des kleinen Mädchens nahm die Sache nicht sehr ernst: „Hinauf mit dir, wieder in den Sattel!" rief sie. Dann nickte sie uns freundlich zu und meinte: „Kicki findet ihr bestimmt im Stall."

Diese hatte uns schon gehört und kam eben angelaufen, hinter sich einen Schwarm junger Buben und Mädchen.

„Es ist natürlich für alle aufregend, wenn etwas Außergewöhnliches passiert!" erklärte sie und zeigte auf die Kinder. Dann lächelte sie uns liebenswürdig zu: „Und wenn gar ein neues Pferd kommt, da wollen alle dabeisein und zuschauen! Sicher wollt ihr ihn gleich ausladen?" Dann wendete sie sich zu mir: „Und du – herzlich willkommen bei uns! Fühl dich wie zu Hause!"

Ich warf ihr einen dankbaren Blick zu und antwortete: „Das tue ich schon!"

Silber und ich beziehen Quartier

Silber sah einfach wunderbar aus, als ich ihn jetzt aus dem Transporter herausführte. Wie gut, daß ich ihn so gründlich gewaschen und gestriegelt hatte. Ich war stolz auf ihn und voller Glück, als die vielen Jungen und Mädchen uns umringten und Silber bestaunten.

„Er sieht wirklich prächtig aus!“ sagte Kicki bewundernd, als Silber mit gespitzten Ohren um mich herumtanzte, aufgekratzt durch die neue Umgebung. Natürlich hatte er längst erfaßt, daß er an einem Ort war, wo es auch andere Pferde gab.

Plötzlich wurde er ganz steif, hob seinen schönen, kleinen Kopf, und seine Augen bekamen einen interessierten Ausdruck. Dann überflog ein Zittern den grau glänzenden Körper, und er wieherte wild und gellend, mit weit aufgeblähten Nüstern. Von einem der Weideplätze drang lebhaftes Wiehern zu uns herüber, das Silber sofort beantwortete. Zugleich begann er ungeduldig an seinem Halfter zu zerren.

„Wo kann ich ihn hinbringen?“ fragte ich Kicki und gab Silber mit dem Ende der Zügel eins über. „Wenn er in diese Stimmung kommt, ist er nämlich nicht mehr lange zu halten!“ fügte ich als Erklärung hinzu.

„Unser Stall ist leer, dort findest du genug Platz“, antwortete Kicki lächelnd. „Unsere Pferde bleiben alle im Freien. Aber vielleicht wäre es am besten, du läßt ihn auch gleich in die Ponyweide, denn sicher willst du, daß er während des Sommers mit den anderen kleinen Pferden draußen ist!“

„Das wäre natürlich schön; wenn sie sich nur nicht zu sehr schlagen!“

„Im Augenblick sind nur Scheck und Sessan auf der Weide. Da wird alles gutgehen. Auf Lillebror wird noch geritten und Rauhbein ist bei den großen Pferden, weil er Kurre so gern hat. Dein Silber ist doch nicht bösartig?"

„O nein, bestimmt nicht!" versicherte ich. „Er ist immer freundlich zu anderen Pferden, und das ganz besonders, wenn sie kleiner sind als er selbst."

Also gingen wir zu den Weideplätzen. Als wir an dem winzigen Häuschen mit dem alten Stall vorbeikamen, sah ich, daß an dem Küchenfenster frische, blau-weiß karierte Sommergardinen flatterten. Was hatte dies zu bedeuten? Aber ich kam nicht dazu, länger darüber nachzudenken, denn gleich darauf waren wir schon beim Weideplatz der Ponys angekommen. Der kleine dicke Scheck kam lässig zum Gattertor geschritten, aber das andere Pony, namens Sessan, blieb etwas entfernt stehen und betrachtete uns mißtrauisch. Es war kein schönes Tier, eher schwer und ein wenig plump, auch etwas kleiner als Silber. Es hatte recht kurze Beine und einen großen, runden Körper. Auf dem kurzen, kräftigen Hals saß ein Kopf, der wieder viel zu groß wirkte. Die Farbe seines Haarkleides konnte man Schmutziggelb nennen. Alles in allem, wirkte es wie eine unglückliche Kreuzung verschiedener Rassen. Seine Augen hatten einen verschwommenen Blick, der mir nicht gefiel.

Kicki öffnete das Tor im Zaun, und wir ließen Silber in die Weide. Zur Sicherheit ließ ich ihm das Halfter; sollte es zu einer allzu heftigen Begrüßung zwischen den Ponys kommen, könnte ich ihn dadurch rasch wieder einfangen. Der kleine, dicke

Scheck begrüßte Silber mißtrauisch, die beiden standen sich recht lange gegenüber und bliesen sich heftig an. Plötzlich aber wieherte Scheck laut und böse, noch einmal stieß er Silber heftig seinen Atem entgegen, und dann – rasch wie ein Blitz – drehte er ihm die Kehrseite zu, und schon hatte Silber zwei runde Shetlandhufe gegen seine Brust. Zunächst war er überrascht und fassungslos. Dann aber ging's los! Im Galopp jagten die beiden über die ganze Weide, Scheck voraus, Silber hinter ihm her! Sie tobten los und rissen die etwas faule Sessan mit.

Der Boden dröhnte von dem Hufschlag der galoppierenden Ponys. Von den anderen Weideplätzen kamen die großen Pferde neugierig an den Zaun getrabt, sie streckten ihre langen Hälse über die Einfriedung, um zu sehen, was bei den Ponys eigentlich los war.

Die Mädchen und Jungen riefen begeistert: „Der Scheck ist doch einmalig!" – „. . . noch nie habe ich Sessan so galoppieren gesehen!" – Es war eben herrlich und aufregend, ein neues Pony im Klub zu haben.

Nach ein paar wilden Runden beruhigten sich die Tiere, Scheck warf Silber böse, gekränkte Blicke zu und stellte sich dann demonstrativ an das andere Ende des Weideplatzes und begann zu grasen. Nun wagte sich Sessan vorsichtig an Silber heran. Scheu schnupperte sie an ihm, aber schon bald grasten die beiden friedlich Seite an Seite, und so begann zwischen diesen beiden Ponys eine lange, dicke Freundschaft.

„Jetzt könnten wir aber wirklich auch zu den großen Pferden gehen und sie begrüßen". schlug ich vor. Wir zogen los.

„Rauhbein kennt ihr ja", sagte Kicki und zeigte auf das Fjordpferd. „Er ist eigentlich ein Pony mit

Mißtrauisch begrüßt der kleine Scheck den neuen Spielkameraden

seinen ein Meter und fünfundvierzig." Rauhbein graste neben einem kleinen, schlanken, braunen Pferd aus Nordschweden. Es hatte die längste Mähne, die ich je an einem Pferd gesehen hatte, und einen enormen, schwarzen Schweif, der bis zum Erdboden reichte, ja, sogar ein wenig nachschleppte.

Vielleicht merkte Kicki, wie verwundert ich war, auf alle Fälle wollte sie erklären:

„Ich weiß, wir haben hier keine Musterschau aufzuweisen. Du findest auch nur ein Vollblutpferd, trotzdem wirst du manchmal staunen! Nimm nur Kurre hier: Du solltest ihn springen sehen! Auch hohe Hindernisse nimmt er, du kannst es mir glauben! Freilich hat auch er seine Eigenheiten. Beim Training steigert er sich so in Begeisterung hinein, daß er nicht nur über die Hindernisse springt, sondern auch in alles hineinrennt, was ihm im Weg steht."

Das dritte Pferd auf dieser Weide war ein Vollblut. Es war eine herrliche, elegante Fuchsstute mit hohen Beinen.

„Das ist Organdie, wir haben sie erst wenige Monate", erzählte Kicki. „Sie hatte schon viele Besitzer gewechselt, als Hasse sie entdeckte und kaufte. Fast alle behaupteten, sie sei ein wenig verdreht, sie sei nicht klar im Kopf. Aber Hasse glaubt es nicht. Er will ein Springpferd aus ihr machen. Und wenn Hasse es nicht schafft, dann kann es auch kein anderer!"

„Hast du sie schon einmal springen gesehen?" wollte ich wissen. Problem-Pferde interessieren mich, sie wecken meine Phantasie. Ich möchte stets ergründen, was die Pferde dazu geführt haben mochte, daß sie so schwierig wurden.

Kicki schüttelte den Kopf:

„Hasse hat noch nicht mit dem Springtraining begonnen. Er sagt, es mangele ihr an grundlegender Dressur, daher wird er wohl zunächst mit regelrechtem Schulreiten bei ihr anfangen. Er behauptet allerdings, er hätte gesehen, wie sie eine Latte von dreißig Zentimeter Höhe absolut verweigerte, kurz darauf aber einen Triplebar von einem Meter und fünfzig nahm, als stünden noch zwei unsichtbare Triplebars dahinter!"

Ein Triplebar ist ein Hindernis, das aus drei verschieden hohen Stangen besteht.

Das war ja eine aufregende Eröffnung! Ich merkte, daß mich alles sehr interessierte. Immer mehr freute ich mich, hier in diesem Reiterklub arbeiten zu dürfen.

„Wer ist Hasse eigentlich?" fragte Madeleine.

„Der prächtigste Mensch auf der Welt!" antwortete Kicki begeistert. „Er ist einmalig gut zu seinen Pferden, und er scheint immer haargenau zu wissen, was und wieviel er von ihnen verlangen darf. Hier kommt er übrigens!"

Wir drehten uns um und sahen einen großen Mann von etwa fünfunddreißig Jahren, der ein kräftiges Halbblut an der Stirnmähne führte. Wir öffneten ihm das Gattertor, und das Pferd trabte ein paar Schritte in das Weideland hinein, blieb stehen und knickte mit den Vorderbeinen ein. Mit einem Seufzer des Wohlbehagens wälzte sich dann das starke Tier auf einer staubigen Stelle der Weidefläche und rollte und drückte sich immer wieder gegen den Boden.

„Ja, das hat er eben gern!" bemerkte Hasse lächelnd, den Blick noch bei seinem Pferd. Dann trat er heran, begrüßte uns und machte sich bekannt.

„So, so! Hier haben wir also unsere neue Reitlehrerin!" sagte er und schaute mich an. „Nun, wie fühlst du dich? Gut in Stimmung?"

Obwohl er das scherzend sagte, spürte ich den Ernst hinter seinen Worten und in seinem ruhigen, ein wenig forschenden Blick.

„Ich will mein Bestes geben", antwortete ich aufrichtig.

„Das ist schön!" erwiderte Hasse. „Und brauchst du Hilfe, dann komm zu mir."

Madeleine warf einen Blick auf ihre Uhr.

„Du, Britta", sagte sie, „ich kann nicht unbegrenzt hierbleiben. Göran braucht seinen Transporter am Nachmittag, und ich muß auch zurück."

„Dann müssen wir uns beeilen", schlug Kicki vor. „Wir packen gleich deine Sachen aus. Kommt!"

Mit Schwung wurden der Sattel, das Zaumzeug und die Kiste mit allen Striegelgeräten aus dem Wagen geholt, zuletzt noch meine Koffer mit den

Kleidern. Dann verabschiedete ich mich von Madeleine und bat sie, alle, die ich kannte, herzlich zu grüßen! Und sie mußte mir versprechen, anzurufen oder oft zu schreiben, damit ich erfuhr, wie es Gazelle und der kleinen Siboney erging. Dann fuhr sie los. Ich sah dem großen Transportwagen lange nach, wie er langsam und schaukelnd in die breite Landstraße einbog, und ich hatte das feierliche oder vielleicht komische Gefühl, daß nun ein neuer Lebensabschnitt für mich begann.

„Wir hatten uns gedacht, du könntest in dem kleinen Häuschen wohnen", riß mich Kicki aus meinen Gedanken, und sie sagte es, als sei es das Selbstverständlichste auf der Welt. „Vorausgesetzt allerdings", sie sah mich mit lustigen Augen an, „wenn du imstande bist, dich selbst zu versorgen und wenn du dich nachts allein nicht fürchtest . . ."

Ich fühlte, wie mein Herz plötzlich schneller schlug, und gleichzeitig mußte ich an die fröhlichen, blau-weiß karierten Küchengardinen denken. Wie wunderbar, so ganz selbständig leben zu dürfen!

„Rührei kann ich auf alle Fälle machen", erklärte ich spontan, „und im übrigen gibt es ja Konserven!"

„So also sieht es von innen aus!" Hasse sperrte das Häuschen auf, dann übergab er mir feierlich die Schlüssel. Wir kamen in eine altmodische, große Küche, die spärlich möbliert war. Ein Tisch stand darin, ein paar Stühle, ein Geschirrschrank.

„Du hast allerdings nur ein Zimmer und die Küche", sagte jetzt Kicki. „Aber vielleicht ist es doch netter für dich, hier zu wohnen, als in der Stadt ein Zimmer zu mieten."

Alles war sehr sauber, und es duftete frisch in dem kleinen Häuschen. Jemand hatte sich sogar die Mühe gemacht und einen Strauß Wiesenblumen in einer Vase auf den Küchentisch gestellt.

„Die kleinen Mädchen haben mir beim Großreinemachen und bei allen Vorbereitungen geholfen", sagte Kicki.

Im Schlafzimmer stand ein Bett und eine riesengroße, dunkelbraune Kommode mit einem Spiegel. Eine romantische kleingemusterte Tapete machte es freundlich und gemütlich.

„Es sieht zwar noch etwas leer aus", sagte Kicki bedauernd, „aber ich nahm an, du würdest gern selbst für Wandschmuck sorgen. Sicher hast du ein paar Pferdebilder oder etwas anderes, was dir lieb ist."

Ich war glücklich.

„Warte nur, bis ich ein paar Wochen hier gehaust habe, dann wird es lebendig aussehen", lachte ich. „Um es gleich zu gestehen, ich streue meine Sachen überall herum. Keine Gefahr, daß es lange leer und unbewohnt bleiben wird."

„Noch etwas", sagte Kicki beinahe verlegen. „Nur sollst du nicht meinen, daß wir zuviel über dich verfügen oder für dich bestimmten. Aber wenn du Lust hast, könntest du heute bei uns zu

Hause zu Mittag essen! Meine Mutter hatte die Idee, und sie hat es wohl richtig erfaßt, denn sie meinte, du würdest sonst heute hungern! Morgen kannst du dann selbst einkaufen, was du willst und brauchst."

Ich sandte Kickis Mutter heimlich einen dankbaren Gruß, denn mein Magen knurrte schon ganz erbärmlich. Ich hatte ja seit dem zeitigen Frühstück nichts mehr gegessen.

„Deine nächsten Nachbarn sind dort drüben", erklärte Kicki und zeigte auf einen Bauernhof, der auf der anderen Seite der Reitbahn lag. „Dort wohnt ein hart geprüftes, älteres Ehepaar. Sie müssen nämlich fast jede Nacht unsere Ponys aus ihrem Garten verjagen. Nein, das ist natürlich Spaß, es sind sehr freundliche Menschen. Ich kann es gut verstehen, wenn sie manchmal ein wenig irritiert sind, denn für die Ponys gibt es einfach nichts Schöneres, als nachts auszubrechen."

Dann setzten wir uns in Kickis Auto.

„Hoffentlich hast du keine Angst, mit mir zu fahren", sagte Kicki mit einem spitzbübischen Lachen, als sie ihren Volkswagen mit einem Ruck auf eine erhöhte Stelle neben dem Weg fuhr. „Ich habe erst seit zwei Wochen meinen Führerschein."

Ich sei es gewohnt, das meiste zu überleben, sicherte ich ihr zu. Kicki wohnte ein Stückchen entfernt. Als wir dann abbogen und vor dem Hof haltmachten, kam es mir vor, als kannten wir uns schon jahrelang.

„Wenn du irgend etwas brauchst“, sagte sie, als wir ausstiegen, „dann kannst du immer zu uns kommen. Es ist ja nicht weit.“

Kickis Eltern waren freundlich, aber ein wenig streng und sehr bestimmt in ihrem Auftreten. Daher war die Stimmung zunächst ein wenig steif, und ich kam mir recht fehl am Platze vor. Das Essen aber war sehr gut und schmeckte. Nach Tisch durften wir uns in Kickis Zimmer verziehen. Wir sahen uns Pferdefotos und Pferdebilder an, dadurch wurde es doch noch recht gemütlich.

Als wir etwas später zur Reitschule zurückfuhren, sagte Kicki: „Hasse und Thomas kommen morgen abend zu uns. Ich finde, wir können eine Art Zusammenkunft im Klubhaus machen und alle Fragen gemeinsam durchsprechen. Aber ich komme auch schon morgen im Laufe des Tages hinaus, dann können wir ein bißchen ausreiten, wenn du Lust hast. Hasse meinte übrigens, du solltest die verschiedenen Pferde probereiten. Wir haben ja eine recht sonderbare Sammlung, und für dich ist es natürlich wichtig zu wissen, wie die Pferde reagieren, denn du sollst ja anderen sagen, wie sie sie behandeln sollen!“

„O Himmel!“ entsetzte ich mich. „Alle Kinder im weiten Umkreis werden natürlich dasein und zusehen, wie ich mich blamiere.“

„Das braucht dich überhaupt nicht zu kümmern“, meinte Kicki. „Die meisten sind ja Anfänger und wollen nur auf den Ponys reiten. Sie werden dich daher als sehr mutig ansehen, wenn du es wagst, auf ein großes Pferd zu steigen! Im übrigen habe ich genaue Verhaltensvorschriften von Hasse. Es wird schon alles gutgehen!"

Langsam bekam ich das Gefühl, daß Kicki viel geeigneter wäre, Reitlehrerin zu werden, als ich. Und ich sagte es ihr.

„Nie! Niemals im Leben!" protestierte sie. „Erstens könnte ich es im Herbst überhaupt nicht schaffen, wenn die Schule wieder beginnt. Denn dann habe ich wahnsinnig viel zu büffeln, und meine Eltern nehmen es mit dem Lernen sehr genau. Und zum anderen: Ich habe keine Geduld mit Kinder! Gerade vor wenigen Tagen wollte ich der Kleinen, der das Pony Sessan gehört, etwas beibringen. Aber das Mädel ist ja unmöglich und Sessan genauso, wenn sie ihren grimmigen Humor hat. Was war das Ende? Ich schimpfte und schrie, die Kleine begann zu heulen, und damit hatte sich mein Unterricht erledigt!"

Es hat schon was für sich, dachte ich, als ich später die Tür meiner Wohnung aufsperrte und „bei mir" eintrat. Durch das Küchenfenster sah ich die Ponys draußen auf der Weide, sie hatten sich schon zur Ruhe gelegt. Auch Silber ruhte in einer weichen, staubigen Mulde nahe am Gattertor. Es wartete Arbeit auf mich, wollte ich ihn morgen wieder sauber haben. Aber er schien sich wohl zu fühlen und das Leben zu genießen. Was machte es also?

Ein wenig sonderbar und fremd war das Gefühl schon, ganz allein in einem kleinen Häuschen zu wohnen. Meine Koffer standen noch ungeöffnet mitten in der Küche. Plötzlich fühlte ich mich todmüde. Morgen wird ausgepackt, dachte ich nur noch; dann kroch ich in mein Bett, und bald darauf schlief ich fest und traumlos.

Welch herrliche Pferde!

Barfuß tappte ich aus meinem Schlafzimmer hinaus in die Küche, die noch von kühler Morgenluft erfüllt war. Durch das Fenster sah ich Tau auf den Gräsern glitzern, der Himmel war klar und hellblau. Es würde ein strahlender Tag werden! Ein wenig wunderte ich mich über mich selbst, daß ich so zeitig aufgewacht war, da ich sonst morgens immer sehr müde und verschlafen bin. Aber noch war ja alles so neu und aufregend in meinem Leben.

Ich zog meine Jeans über, einen warmen Pullover und die Tennisschuhe. Dann schlich ich hinaus. Ganz leise ging ich zum Weideplatz der Ponys, um Silber zu begrüßen und ein bißchen mit ihm zu plaudern.

„Hei, mein süßer, lieber Dicker“, spottete ich zärtlich. „Du siehst aber noch verschlafen aus! Du hast natürlich die ganze Nacht das schöne Gras in dich hineingefressen!“

Silber ließ sich willig den Hals kraulen.

Langsam kam Sessan angezockelt und stellte sich neben Silber an das Tor. Weiter drüben, am anderen Ende des Weideplatzes, grasten Scheck und Lillebror Seite an Seite. Auf der Weide neben uns, wo die großen Pferde standen, war es noch sehr still. Einige von ihnen zogen über die Wiese und schnappten nach dem morgenfrischen Gras.

Ich ging zu meinem Häuschen zurück, um meine Koffer auszupacken. Die Kleider und meine Wäsche räumte ich in die große Kommode im Schlafzimmer. Dann schmückte ich eine Wand des Zimmers mit Fotos von Gazelle und Silber. Da der Raum aber noch immer recht leer wirkte, befestigte ich meine Reitgerte, die Sporen und die Reitkappe auf eine – wie ich mir einbildete – geradezu künstlerische Art an der anderen Wand. Dort konnte alles hängen, davon würde ich in nächster Zeit nichts gebrauchen. Meinen schönen Pferdekalender hing ich in der Küche auf.

Es war schon gegen neun Uhr am Vormittag, als ich loszog, um die wichtigsten Einkäufe zu machen. Wieder zu Hause angekommen, briet ich mir sofort ein paar Eier auf Wurstscheiben; dazu gab es Tee. Es machte mir einen Heidenspaß, und ich genoß nicht nur diese Mahlzeit, sondern auch das Gefühl, so ganz und gar unabhängig zu sein.

Aber der Frieden währte nicht lange. Noch während ich aß, steckte Kicki den Kopf in die Türöffnung. Sie war mit den beiden Mädchen da, die ich schon von meinem ersten Besuch her kannte: mit Marie und Lotta. Alle drei sahen mich höchst interessiert und neugierig an. Also blieb mir nichts anderes übrig, als sie hereinzubitten.

„Iß nur erst mal in Ruhe fertig", sagte Kicki. „Dann wollen wir rausgehen und uns um die Pferde kümmern." Also verschluckte ich die letzten Bissen und stieg in meine Reitstiefel.

Wir holten uns Zaumzeug und Striegelbürsten aus dem Stall, und die Mädchen zeigten mir, wo die Sattelkammer war.

Die großen Pferde ließen sich willig holen. Wir banden sie mit dem Halfter der Reihe nach an dem Lattenzaun fest und bearbeiteten sie mit den Striegelbürsten, daß die Staubwolken um uns herumwirbelten. Das dunkle, ein wenig dickliche Mädchen Lotta war erster Pferdepfleger für Hasses Halbblut Patrik, deshalb betreute sie vor allem ihn. Marie übernahm zunächst das Vollblut Organdie.

„Ich nehme Rauhbein dran, den mag ich so gern", erklärte Kicki, also blieb für mich Kurre übrig, das Pferd aus Nordschweden. Er war ruhig, und man konnte gut mit ihm auskommen. Ich konnte mir kaum vorstellen, wie er hitzig und rabiat durch Hindernisse rasen sollte.

Während wir arbeiteten, tauchten immer mehr Kinder auf und stellten sich um uns herum und sahen zu.

„Was werdet ihr heute unternehmen?" fragte ein kleines Mädchen. „Wollt ihr ausreiten?"

„Nein, wir nicht", erklärte Kicki bestimmt. „Aber Britta wird eine Zeitlang in der Bahn reiten." Sie schlug ihre Striegelbürste an einem breiten Stein aus und wandte sich zu mir: „Mit welchem Pferd willst du anfangen?"

„Das spielt eigentlich keine Rolle. Aber vielleicht wäre es klug, mit dem trägsten, bei dem ich mich am meisten anstrengen muß, zu beginnen, so lange ich noch frische Kräfte habe!"

Dann müsse ich Patrik drannehmen, wurde bestimmt. Also gingen wir gemeinsam zum Stall und holten Sattel und Zaumzeug für ihn. Organdie sollte außerdem noch Gamaschen für die Vorderbeine haben und mußte mit dem Martingale geritten werden.

Als alle Pferde fertig gesattelt waren, banden wir sie wieder am Zaun der Weide an. Dann führte Lotta Patrik zur Reitbahn. Es wurde also ernst. Ich mußte aufsitzen. Am Tag vorher, als Hasse ihn geritten hatte, war er mir nicht so groß vorgekommen! Freilich, Hasse hatte sehr lange Beine. Jetzt merkte ich erst, wie enorm hoch Patrik war, sicherlich ein Meter und fünfundsiebzig. Doch nicht das allein erschreckte mich, das Pferd war auch kräftig und so schwer gebaut wie ein deutsches Zugroß.

Na ja, tröstete ich mich in Gedanken, es kann nicht schlimmer sein, als Görans großes Pferd Hoffmann zu reiten, und das ging ja damals gut. Ich zog den Sattelgurt an. Die Steigbügel – viel zu lang für mich, da sie noch vom Vortag für Hasses

Martingale

Der Martingale ist ein Hilfszügel, der vom Sattelgurt zwischen den Vorderbeinen über die Brust führt, dann sich teilt und an den Trensenzügeln befestigt wird. Er soll eine zu hohe Kopfhaltung des Pferdes verhindern.

lange Beine eingestellt waren – ließ ich herunterbaumeln. So würde ich gut aufsitzen können und brauchte sie nicht eigens vor aller Augen dafür zu verlängern! Ich war froh darüber. Mit langen Zügeln führte ich Patrik zur Reitbahn.

„Er hat ein sehr empfindliches Maul!" rief mir Kicki noch zu. „Du darfst ihn nicht zu scharf drannehmen. Du wirst auch bald merken, daß du alle Kraft in den Schenkeldruck legen mußt, wenn du ihn dazu bringen willst, in Bewegung zu kommen."

Ich wäre froh, wenn ich ihn überhaupt in Bewegung brächte, antwortete ich mit düsterem Blick, von ordentlich wollten wir zunächst nicht reden. Ich kam mir tatsächlich reichlich klein vor neben diesem Pferd und hatte wenig Zutrauen zu der Wirksamkeit meiner kurzen Schenkel. Aber: Hol's der Kuckuck! dachte ich weiter, auf alle Fälle war es herrlich, auf so einem Pferd zu sitzen. Ich wollte mein Bestes versuchen und außerdem Spaß daran haben! Das nahm ich mir in dieser Sekunde fest vor. Zudem wollte ich auch lernen. Immer mehr lernen.

Zunächst begnügte ich mich damit, im Schritt auf dem Hufschlag zu gehen, also die Spur rund um das Viereck der Reitbahn einzuhalten. Langsam nahm ich die Zügel auf und trieb Patrik an. Am Zaun standen die Mädchen und Jungen und sahen mir zu. Ich ritt ein paar *Volten*. Dann machte ich ein paar recht verunglückte Wendungen auf der

Volte

Eine Volte ist ein Kreis von sechs Schritt Durchmesser.

Vorderhand. Schließlich trabte ich weiche Bogen und versuchte, das Pferd wieder zu versammeln. Patrik brauchte unbedingt Gewichtshilfen, d. h., der Reiter muß von sich aus durch seinen Sitz eine gewisse Balance herstellen. Bei Patrik galt es zu beachten, daß er sein größeres Gewicht im Vorderteil seines großen Körpers hatte. Nun begriff ich auch, warum Kicki mir geraten hatte, alle Kraft in den Schenkeldruck zu legen. Immerhin, er folgte mir willig, und er hatte einen weichen Trab. Es war ein Genuß, auf ihm zu reiten.

„Versuch nun einen kleinen Galopp!“ rief Kicki vom Zaun her. Ich ritt die Längsseite des Vierecks aus und galoppierte in der nächsten Ecke an. Aber schon nach einer weiteren Längsseite brach Patrik den Galopp ab und fiel wieder in Trab, was ich gar nicht wollte. Aufs neue galoppierte ich an und trieb ihn stärker. Es gelang mir sogar, im Galopp eine Volte zu reiten. Nach all diesen Leistungen war ich

Um die Pferde kennenzulernen, muß Britta alle reiten. Dieses hier ist Patrik

mit meiner Schenkelkraft so ziemlich am Ende. Ich gab ihm lange Zügel und ging zum Schritt über.

„Puh! Das war recht anstrengend!“ sagte ich, als ich an Kicki vorbeikam.

Sie aber rief zurück: „Und wie findest du ihn sonst?“

Darauf konnte ich nicht sofort antworten, das mußte ich mir überlegen.

„Man sitzt wunderbar auf ihm, aber dafür, daß es ein Jungpferd ist, ist er zu ruhig. Natürlich kann es auch damit zusammenhängen, daß ich nicht genug Kraft habe, ihn anzutreiben.“

„Du sollst zufrieden sein!“ antwortete Kicki. „Als ich ihn das letztemal ritt, nahm er nie mehr als eine halbe Längsseite im Galopp.“ Ein tiefer Seufzer folgte. „Ich sehe schon, du wirst prächtig mit ihm fertig. Du mußt dich nur noch mehr an ihn gewöhnen. Und habe ich nicht recht gehabt? Du mußtest ihn reiten, damit du weißt, was du von den anderen verlangen kannst, wenn sie dran sind.“

Zum nächsten Proberitt nahm ich den Nordschweden Kurre dran. Kurre konnte eigentlich noch gar nicht richtig die Gangarten unterscheiden, stellte ich erstaunt fest. Machte ich halt, wollte er absolut nicht stehenbleiben, wollte ich im Schritt gehen, wollte er traben. Versuchte ich einen Trab, ging er sofort in Galopp über. Nein, wir verstanden uns nicht sehr gut, und ich wendete mich recht hilflos an Kicki: „Was macht man eigentlich mit so einem Pferd?“

Vorderhandwendung

Bei der Vorderhandwendung muß sich das Pferd mit der Hinterhand um 180 Grad, das ist ein halber Kreis, um die Vorderhand herumdrehen. Dabei darf es keinen Schritt nach vorn machen.

„Na ja, er ist tatsächlich noch nicht zum Schulpferd abgerichtet“, gab sie zu. „Mir scheint, er hat zunächst nur eines im Kopf, und das bedeutet: Vorwärts! Und je schneller, desto lieber. Ich glaube nicht, daß er die Neigung zum Scheuen hat. Aber er ist hitzig und ungeduldig. Hasse behauptet, er beruhige sich, wenn man ihm ständig Aufgaben stellt, also die ganze Bahn Volten oder Schlangenlinien reiten läßt, damit er ständig nachdenken muß. Auf keinem Fall darfst du einfach auf ihm sitzen und ihn verhalten, das wäre ganz schlecht.“

„Aha“, sagte ich knurrend und versuchte sofort, Hasses Methoden anzuwenden. Und sie wirkten! Mein Respekt vor Hasse als Pferde-Mensch stieg ins Ungeheure.

Dann kam Organdie an die Reihe, und es war ein beachtlicher Unterschied, nun auf diesem schmalen, langbeinigen Vollblut aufzusitzen, just nach Kurre, der einen breiten, massiven Rücken hatte.

„Organdie ist sehr eigen“, meinte Kicki. „Sie nimmt schon den allerschwächsten Schenkeldruck auf und ist auch sehr empfindlich im Maul. Sie ist übersensibel. Wenn du sie hart anfaßt, wirst du merken, daß sie sich vom Hals bis zu den Hinterhufen verkrampft. Hasse sagt, du solltest sie zunächst nicht führen, sondern nur still sitzen und sie mit recht langen Zügeln reiten.“

Organdie schritt ruhig mit langen, ausgreifenden Schritten dahin. Beim geringsten Schenkeldruck begann sie zu traben, einen sehr unbequemen, stoßenden Trab. Bald merkte ich, daß sie eigentlich sehr leicht zu reiten war, eben weil sie auf den geringsten Schenkeldruck, auf die kleinste Zügelhilfe reagierte. Also kam es darauf an, sehr vorsichtig und mit Bedacht zu arbeiten. Andererseits aber fiel mir auch auf, wie erschreckt und aufgescheucht sie wirkte, wenn sie meinte, etwas falsch gemacht zu haben. Organdie interessierte mich, und ich dachte darüber nach, was diese schöne Stute wohl alles erlebt haben mochte, daß sie so verkrampft und nervös war.

„Na, danke schön – da lobe ich mir einfache und unkomplizierte Pferde wie dieses hier!" war Kickis Ansicht, als sie mir Rauhbein vorführte. Ich ritt ihn eine Weile und fand, daß er gutmütig, munter und anstellig war, aber recht hart im Maul.

„Er wurde zu oft vor den Wagen gespannt! Daher kommt das", erklärte Kicki.

Ich mußte mich dranhalten, wollte ich dieses kleine Fjordpferd in den Galopp bringen, denn Rauhbein wollte viel lieber in Bogen die Reitbahn durchqueren. Vielleicht war ich auch schon ein bißchen müde, meine Schenkelkraft war auch fast zu Ende. Also machte ich bald Schluß.

„Aber, Britta, du bist ja ganz rot im Gesicht!" neckte mich Kicki. „Sag nur nicht, daß du dich angestrengt hast!"

„Ich bin am Sterben", rief ich ihr atemlos zu. „Ich muß sofort mindestens einen Liter Fruchtsaft in mich hineingießen – zur Abkühlung!"

Wir ließen die Pferde in die Weide hineinlaufen. Dann gingen wir alle in mein kleines Haus und machten es uns bequem. Schließlich fragte mich Kicki, was ich von den Pferden hielte.

„Immer langsam“, wehrte ich mich, „noch habe ich mich nicht erholt. Aber im Ernst: Ich finde sie sehr individuell. Keines ist so recht geeignet, als Schulpferd zu arbeiten, noch dazu für Anfänger – außer Rauhbein vielleicht. Aber wie heißt das Sprichwort? Man nimmt, was man hat! Nur meine ich, wir werden einige von den jüngeren zunächst an der Longe arbeiten lassen.“

Nach der kleinen Pause fühlte ich mich imstande, einen kleinen Strauß mit meinem eigenen, kleinen, verstaubten Pony durchzufechten. Ich striegelte ihn, bis er wieder grau war und in der Sonne glänzte. Dann unternahmen Kicki und ich einen Ritt durch den Wald. Kicki hatte von Hasse die Erlaubnis, Rauhbein zu reiten. Wir fanden einen schattigen schmalen Weg, ganz von Nadeln übersät, und blieben meist im Schritt, den Pferden die langen Zügel lassend. Der Wald duftete nach Sommer, Mücken und Fliegen zogen summend und brummend ihre Kreise um uns. Ich war so glücklich.

Als wir wieder zu Hause anlangten, war ich müde und hungrig. Wir gingen in meine Küche, und ich holte eine Dose mit schönen Pilzen, zauberte ein Omelett, machte Tee und leckere Butterbrote. Es schmeckte einfach herrlich!

Danach bummelten wir noch eine Zeitlang über den Reitplatz und den Hofplatz vor dem Stall und sahen lachend zu, wie alle kleinen Mädchen der Scheck-Familie der Reihe nach Lillebror reiten wollten und wieder herunterpurzelten. Da Hasse und Thomas noch immer nicht auftauchten, die Sonne aber hoch am Himmel stand, legten wir uns schließlich vor meinem Häuschen ins Gras. Schon halb im Schlummer dachte ich noch: Dies wird eine der sonderbarsten Reitschulen mit diesen Pferden . . .

Der Reitunterricht kann beginnen

„Ja, es muß festgehalten werden: Thomas und ich sind verantwortlich für das Ganze", erklärte Hasse und streckte seine langen Beine unter den Küchentisch. „Wir werden auch den Kontakt zur Stadtverwaltung pflegen, und wir müssen uns natürlich darum kümmern, daß die Reitschule sich trägt. Das wünschen wir von Herzen."

Hasse, Thomas, Kicki und ich saßen im Klubhaus beisammen und diskutierten.

„Die Stadt ist ernsthaft an unserem Unternehmen interessiert, und deshalb hilft sie uns. Sie bezahlen auch deinen Lohn, Britta", redete Hasse weiter. „Sie haben uns sogar schon halb und halb versprochen, noch mehr Unterstützung zu gewähren.

Natürlich müssen wir zunächst Erfolge nachweisen, dann wird sich alles langsam regeln. Wir sollten ernsthaft zeigen, daß wir etwas für die Jugend des Landkreises tun und daß wir den Reitsport aufbauen wollen. Und darüber wollen wir uns jetzt unterhalten."

„Hat es früher einmal schon eine Reitschule hier gegeben?" fragte ich voll Interesse. Hasse schüttelte den Kopf.

„Nein, noch nie. Eben deshalb werden wir wohl nur Anfänger hierher bekommen, abgesehen von Einzelfällen, daß vielleicht einer selbst ein Pferd besitzt und schon geritten ist oder außerhalb eine Reitschule besucht hat. Aber sehr viele werden es nicht sein."

„Wir haben natürlich schon eine Menge hochfliegende Pläne", nahm jetzt Thomas das Wort und lehnte sich schaukelnd in seinen Stuhl zurück. „Wir könnten verschiedene Kurse einführen, Spring- und Dressurkurse. Ebenso könnten wir kleine Wettkämpfe abhalten, vielleicht auch reine Theoriekurse ansetzen, in denen sich die Jugendlichen ernsthaft mit dem Reiten befassen sollen, denn alles kann man ja nicht während des praktischen Unterrichts besprechen. Trotzdem schlage ich vor, daß wir uns diesen Sommer zunächst ganz und gar auf das Einreiten der Anfänger konzentrieren. Damit könnten wir eine Grundausbildung erreichen, auf der wir dann im Herbst weiter aufbauen wollen."

„Das klingt wirklich überlegt und klug“, stellte ich fest. „Die nächste Frage wäre, wie lange jede Lektion dauern soll und wie viele Pferde täglich arbeiten müssen. Vermutlich wäre es richtig, wenn wir einmal die Ponys und ein andermal die großen Pferde hernehmen!“

„Mach es so!“ rief Kicki begeistert. „Sonst wirst du schon in der ersten Woche wahnsinnig! Es ist bestimmt unmöglich, Unterricht abzuhalten, wenn die Ponys und die großen Pferde durcheinander springen.“

„Wir sind der Ansicht“, redete Hasse nun weiter, „daß alle Pferde zwei Stunden am Tag zum Unterricht herangezogen werden – mit gewissen Ausnahmen allerdings. Der Scheck ist ja schon ein alter Herr – ihn schone etwas, am besten setzt du nur ganz leichte Kinder auf ihn. Und Lillebror ist erst drei Jahre alt, er muß auch vorsichtig behandelt werden.“

„Wir können auch voraussetzen, daß einige Schüler eigene Pferde besitzen und darauf reiten wollen. Denn es ist doch klar, daß niemand ein Pferd kauft, um es einer Reitschule zur Verfügung zu stellen. Aber da wir sehr billige Stallmieten geben, werden wir vielleicht gewisse Stunden über die Pferde verfügen dürfen. Das wäre für alle Beteiligten eine gute Lösung.“

„Da wir ja wissen, daß wir es meist mit Anfängern zu tun haben werden“, meldete ich mich wieder, „ist es wohl am besten, jede halbe Stunde eine

Pause vorzusehen. Die meisten Jungen und Mädchen werden nicht länger durchhalten, jedenfalls nicht in den ersten Wochen."

So ging es also noch lange weiter. Es wurden noch verschiedene Fragen besprochen, wie Mitgliedskarten und Reitstunden-Honorare, und alles in so ernstem, erwachsenem Ton, daß einem hätte Angst werden können. Einmal konnte ich mich nicht beherrschen.

„Himmel! Ich wußte wirklich nicht, wieviel zu überlegen und vorzubereiten ist, nur um eine Reitschule zu eröffnen!" rief ich aus.

„Da muß ich dir voll und ganz zustimmen", sagte Kicki, „mir brummt auch schon der Kopf von all dem Gerede über Geld und Verantwortung und Leitung und . . . ich weiß nicht was!"

„Na ja", meinte Hasse lächelnd, „es ist wohl an der Zeit, unsere Sitzung zu beenden. Das Wichtigste ist besprochen, und dazu gehört, daß wir am kommenden Samstag den Reitunterricht beginnen. Morgen schlagt ihr beiden Mädchen ein Plakat an unser Tor und macht eine Liste, in der sich alle, die am Reitunterricht teilnehmen wollen, eintragen müssen."

Noch spät am Abend setzte ich mich hin und schrieb einen langen Brief nach Hause, für Mutter und Vater. Sie waren natürlich ein wenig beunruhigt darüber, daß ich von Göran und Karin weggegangen war. Denn, obwohl sie einsahen, daß ich nicht ein Leben lang dort arbeiten konnte, hatte ich doch ordentlich zu essen bekommen und in ihrem Sinne ein geregeltes Leben geführt. Das ist Eltern ja immer sehr wichtig. Deshalb bemühte ich mich, in diesem Brief viel Beruhigendes über meine neue Aufgabe zu schreiben. Ich erzählte ihnen von meinem süßen kleinen Haus und von allem, was sie interessieren könnte. Auch, daß ich in Rufweite gute Nachbarn hatte, falls ich sie unvermutet brauchen sollte. Zuletzt berichtete ich ihnen noch, wie sicher und gekonnt ich mir meine Mahlzeiten bereitete. Dies war natürlich eine kleine Übertreibung!

Die Nachricht, daß die Reitschule am Sonnabend eröffnet wird, verbreitete sich mit Windeseile. Als Kicki und ich die Liste am Freitag abend von der Anschlagtafel holten, war sie nahezu vollbeschrieben – leider aber auch stellenweise unleserlich. Also setzten wir uns in meine Küche und versuchten gemeinsam, sie zu entziffern. Alle klar lesbare Namen schrieb ich in ein dickes Vormerkheft mit schwarzem Glanzumschlag, das ich eigens dafür besorgt hatte.

„Sieh mal an", rief ich aus, „hier ist ein Mädchen, das allem Anschein nach täglich eine halbe Stunde reiten will! Sie muß ja Millionärin sein, wenn sie das den ganzen Sommer bezahlen kann!"

„Vielleicht hat sie den Eintrag in die Liste falsch verstanden", überlegte Kicki laut. „Am besten fragen wir sie gleich morgen. Hoffentlich haben die anderen begriffen, daß sie – wenn sie sich z. B. in die Spalte für den Samstag eingetragen haben – auch jeden Samstag, den ganzen Sommer über, reiten sollen und nicht nur morgen."

„Am besten stellen wir dies morgen fest", schlug ich vor, „und erklären allen noch einmal, wie wir uns den Unterricht denken."

„Jedenfalls werden wir ziemlich viel zu tun haben, das sehe ich schon", behauptete Kicki.

Die ganze Woche über war es schön, warm und sonnig gewesen, wir hatten nahezu vergessen, daß es auch anders sein konnte. Am Samstag morgen fiel dünner Regen. Ich wurde davon wach, daß es unaufhörlich leise gegen mein Dach klopfte. Zu jeder anderen Zeit hätte ich das Klopfen der Regentropfen als ungeheuer gemütlich empfunden und das am Fenster wie ein grauer Schleiervorhang herabrinnende Regenwasser als romantisch. Diesmal aber schreckte es mich auf.

„Die Pferde!" fuhr es mir durch den Kopf und schon sah ich sie alle patschnaß und lehmig wie Gespenster vor mir. Es war hoffnungslos, sie rechtzeitig zu Beginn und zur Eröffnung der Reitschule vorstellen zu können.

Ich sprang aus dem Bett, rieb mir den Schlaf aus den Augen und fuhr aufgeregt in meine Jeans und in eine alte Popelinjacke. Dann zog ich noch meine Gummistiefel an, und schon rannte ich los, hinaus zum Stall, um die Halfter zu holen. Kicki war noch nicht da, aber in einer der Ponyboxen saßen ein paar Mädchen. Ich verteilte gleich die Halfter und bat sie, mir zu folgen.

„Wir wissen nicht, wie man einem Pferd das Halfter anlegt“, sagte eines der Mädchen, als wir den Weideplatz erreichten.

„Das macht nichts. Ich werde es euch gleich zeigen. Vor allem könnt ihr ja helfen, die Pferde in den Stall zu führen.“

Die Mädchen warfen sich heimliche Blicke zu, und ich hörte ein aufgeregtes Kichern. Alles war für sie spannend, vielleicht auch der Auftrag, daß sie so ganz allein ein Pferd führen sollten. Sie waren interessiert und hilfsbereit, und ich fand, es tat ihnen nur gut, sich an den Umgang mit Pferden zu gewöhnen.

„Bitte denkt daran, daß man immer vor dem Pferd durch die Stalltür gehen muß, damit man sich nicht der Gefahr aussetzt, eingeklemmt zu werden“, warnte ich sie, und dann gingen wir los. Klatsch, klatsch, spritzte das lehmige Regenwasser um die Hufe der Pferde. Als wir glücklich alle im Stall hatten, ging die Arbeit erst richtig los. Zunächst ließ ich die Mädchen die Pferde ordentlich trockenreiben. Die meisten meiner kleinen Helferinnen stellten sich recht ungeschickt an und hatten von nichts eine Ahnung. Die ganz kleinen Mädchen mußten zu zweit an einem Pony arbeiten. Ich erklärte ihnen, wie sie die Beine der Pferde abwaschen mußten, und ließ sie für jedes Pferd einen Eimer Wasser und einen Schwamm holen. Es waren ein paar ältere Mädchen dabei, die mußten die großen Pferde übernehmen. Aber keines von ihnen wagte, Patrik zu putzen. Vermutlich war er ihnen doch zu groß, deshalb übernahm ich ihn selbst.

Nach einiger Zeit tauchte Kicki auf, und bald nach ihr erschienen Marie und Lotta. Der Stall dampfte schon von den halbtrockenen und warmgeriebenen Pferden. Jetzt halfen alle zusammen, Pferdebeine zu waschen, Hufe auszukratzen und lehmige Schweife zu bürsten.

Kurz vor elf Uhr schlug das Wetter um. Es hörte auf zu regnen, und mit Freude konnte man hier und dort einen Streifen blauen Himmel zwischen den Wolken entdecken. Das Pony-Reiten sollte um zwölf Uhr anfangen. Wir begannen rechtzeitig mit dem Satteln der kleinen Pferde. Dabei stellte sich heraus, daß Scheck und Sessan keinen Sattel hatten. Sessan gehörte einem jungen Mädchen, das nicht genug Geld hatte, sofort einen Sattel zu kaufen. Und Scheck, der schon älter als zwanzig Jahre war, hatte in seinem langen Leben noch nie so ein Ding auf dem Rücken gehabt.

„Sie müssen eben ungesattelt mitgehen, da ist gar nichts zu machen“, entschied ich. Dann nahmen Kicki und ich jedesmal ein paar Mädchen mit, um ihnen beim Aufsatteln von Silber, Rauhbein und Lillebror alles zu erklären.

„Ihr müßt doch bald so weit sein, daß ihr ein Pferd selbständig aufzäumen und satteln könnt“, erklärte ich ihnen. „Also ist es am besten, ihr schaut gleich heute genau zu und merkt euch soviel wie möglich. Wenn ihr echtes Interesse habt, dann versucht, immer und überall dabeizusein und anderen, die schon lange reiten, viel abzuschauen. So lernt man am besten."

Die kleineren Mädchen wichen nicht von den Ponys, überall trieben sie sich herum, und ich fand es lustig, sie um mich zu haben. Es waren viele kleine Gesichter, einige stets kichernd, andere ein wenig scheu, wieder andere recht keck. Namen wußte ich noch keine, aber sehr bald würde ich wissen, wie sie alle hießen. Sicher würden gerade diese ganz jungen Reiterinnen rasch und viel lernen. Warum sollte nicht die eine oder andere unter ihnen einmal eine besonders gute Reiterin werden?

Dann führten wir die Ponys zur ersten Reitstunde aus dem Stall. In langer Karawane gingen wir zur Reitbahn. Als erstes das Fjordpferd Rauhbein, rund, mit gelblichem Haarkleid, die Standmähne kurz geschnitten, ganz nach Vorschrift. Dann kam Silber, mein Welshpony, ein Grauschimmel mit nahezu weißer Mähne und weißem Schweif. Es folgte Sessan, das häßliche Pony einer unbegreiflichen Kreuzung, das so große Sympathien für Silber hatte, und schließlich als letzte der kleine, lustige Russe Lillebror und unser „Hauszwerg" Scheck.

Zum Glück war die Reitbahn gut gesandet, der Hufschlag weder rutschig noch lehmig, außer in einer einzigen Ecke. Wir stellten die Ponys schön und gut ausgerichtet auf die Mittellinie, dann holte ich mein schwarzes Heft hervor und verlas die Namen derjenigen, die sich für die erste halbe Stunde angemeldet hatten. Die erste Gruppe bestand aus fünf Mädchen, die alle zum erstenmal auf einem Pferd saßen.

Kicki, Marie und drei andere Mädchen beauftragte ich als Pferdeführer. Und dann begann der

Unterricht! Zunächst zeigte ich meinen Schülerinnen, wie man aufsaß. Das gab ein gewaltiges Kraxeln und Krabbeln, aber sie kamen schließlich doch alle in den Sattel, bis auf eine, die Sessan reiten sollte. Sessan hatte ja keinen Sattel, zudem weigerte sie sich, still zu stehen. Also hoben wir das kleine Mädchen einfach hinauf. Als es soweit war, sagte ich den Schülerinnen, wie man korrekt auf einem Pferd sitzt und wie man die Zügel zu halten hat. Mit Hilfe ihrer Pferdeführer bewegten sich nun die Schülerinnen auf ihren Ponys im Schritt rund um

Die Kleinsten werden einfach auf die Pferde gehoben

das Viereck der Reitbahn. Sie mußten ja zunächst fühlen, wie es war, auf einem Pferd zu sitzen. Langsam machte ich sie dann auf Einzelheiten aufmerksam, daß man die Fersen senken und den Rücken geradehalten soll und – vor allem – daß die Zügel dafür da sind, die Pferde zu lenken, und nicht um sich daran festzuhalten.

Diese erste halbe Stunde verging viel zu schnell. Ich mußte die nächste Gruppe drannehmen und dann wieder die nächste. An diesem ersten Unterrichtstag habe auch ich manches dazugelernt. So stellte ich fest, daß jedes Pony seine Eigenart hat: Scheck weigerte sich zum Beispiel energisch, an der Spitze zu gehen. Sessan blieb mitten in der Bahn stehen wie ein bockiger Stier, wenn sie nicht unmittelbar hinter Silber gehen durfte. Rauhbein machte den Mädchen, die ihn am Halfter führen sollten, viel Arbeit, denn er war sehr groß und stark. Lillebror vertrug es nicht, wenn die anderen Ponys ihm zu nahe kamen, und Silber langweilte allzu langes Gehen im Schritt, rundherum, rundherum . . . also brach er hie und da aus, sein Mädchen mit sich ziehend, und kam zu mir, in die Mitte des Reitplatzes.

Ich bemühte mich, überall zugleich etwas auszurichten, widerspenstige Ponys zu guter Arbeit zu locken, ungeschickten und verärgerten Schülerinnen Ratschläge zu geben, obwohl sie alles verkehrt machten. Dann mußte ich auch die Pferdeführerinnen aufmuntern, ehe sie ermüdeten. Ich hätte nie gedacht, daß es so anstrengend sein könnte, einer kleinen Gruppe Jugendlicher auf ein paar Ponys das Reiten beizubringen. Aber Spaß machte es mir doch!

„Daß du es durchstehst!“ rief Kicki fassungslos aus. „Wenn du in diesem Tempo weitermachst, bist du in wenigen Wochen nur noch Haut und Knochen. Ich hielte es nicht aus, ich würde verrückt, mit diesen Anfängern.“

„Mir macht es Spaß, ich finde es toll!“ beteuerte ich. „Außerdem muß ich ständig daran denken, wie es mir erging, als ich noch klein und sehr ängstlich war und auch noch gar nichts von Pferden verstand.“

Nun sollte die letzte halbe Stunde mit den Ponys beginnen. Kicki, Lotta und Marie gingen eben zum Stall, um die großen Pferde zu satteln, denn sie kamen unmittelbar nach dieser letzten Pony-Stunde dran. Ich mußte drei andere Mädchen als Pferdeführer aussuchen. Es waren genug da, denn der Lattenzaun war mit Zuschauern dicht besetzt. Eine elegante Dame, sicher die Mutter einer Schülerin, kam auf mich zu und erklärte mir, daß sie erst vor kurzem hierher übersiedelt sei. Und da nun ihre kleine Beatrice diese Reitschule besuchen sollte, wollte sie, als Mutter, doch zusehen. Schließlich müsse Beatrice einen guten Unterricht unter verantwortungsvoller Leitung bekommen! Beatrice sei so tüchtig, das habe sich im Sommer auf Gotland gezeigt, dort sei sie schon geritten . . . und müsse sie

Gotland

Gotland ist eine schwedische Insel. Sie ist die größte Insel überhaupt in der Ostsee. Die Hauptstadt ist Visby und hat 18 000 Einwohner. Bekannt ist Gotland wegen der Gotlandponys. Das sind sehr genügsame Ponys mit einer Größe von ca. 120 cm. Sie sind als Kinderponys sehr beliebt.

denn wirklich wie ein kleiner Anfänger geführt werden?

Ich warf der kleinen Beatrice einen Blick zu. Sie hing auf Lillebror wie ein Sack Hafer und nicht anders als alle Anfänger. Aber dann überlegte ich, daß es wohl richtig sei, den Wünschen der Mutter taktvoll entgegenzukommen. Also schlug ich vor, Beatrice solle eine Zeitlang ohne Pferdeführerin reiten, dann würde sich ja zeigen, wie sie zurechtkam. Das Mädchen, das Lillebror am Halfter geführt hatte, trat zurück und stellte sich an den Zaun.

„Beatrice ist beinahe schon eine kleine Persönlichkeit“, fuhr die Mama fort. Ich fand es gräßlich, während des Reitunterrichts solchem Gerede zuhören zu müssen, und überlegte, wie ich dem ein Ende machen könnte, ohne unhöflich zu sein, aber die Frau Mama begann schon wieder: „Auf Gotland fanden alle, Beatrice sei ein Naturtalent, und unter richtiger Anleitung könnte sie sicher eine außerordentliche Reiterin werden. Sie kann so gut mit Pferden umgehen, es zeigt sich ja, wie elegant sie mit diesem Pony zurechtkommt."

Als ich mich umwendete, sah ich eben noch, wie Lillebror plötzlich die Ohren nach hinten legte, böse wieherte und nach hinten ausschlug. Dabei traf er Silber, der seinerseits erstaunt nach hinten gegen Sessan auswich. Das Mädchen, das Sessan geführt hatte, ließ vor Schreck das Halfter los, und im nächsten Augenblick war alles ein Chaos. Die kleine Beatrice – weit entfernt davon, mit Lillebror zurechtzukommen, von elegantem Können war überhaupt nicht zu reden – lag schon strampelnd im feuchten Sand. Lillebror aber sprang kreuz und quer durch die Reitbahn und jagte dadurch alle anderen Pferde auf. Silber kam zu mir galoppiert, Sessan und Rauhbein nahmen die Gelegenheit wahr und befreiten sich von ihren kleinen Führerinnen. Während Rauhbein ausbrach und die Reitbahn hinter sich ließ, zog Sessan ihre Vorderbeine unter sich und rollte sich in der einzigen Ecke der Reitbahn, die lehmig war, vergnügt am Boden. Nur Scheck stand ganz still da und sah erstaunt den anderen Pferden zu.

Ich selbst stand wie festgewachsen auf meinem Platz, Silbers Zügel um mein Handgelenk, den Blick verzweifelt auf Sessan, die sich wie in einem Schlammbad wälzte, während ich Rauhbeins im Galopptakt schlagende Hufe nur noch von weitem hörte . . .

Welch ein Getümmel!

Welch ein Getümmel! Ich wußte nicht, ob ich lachen oder weinen sollte. Beatrices Mama stand mit verkniffenem Mund neben mir. Sie sah mit kühlem Blick um sich, und ich konnte ihre Gedanken von ihrer Stirn ablesen: Ja, ja, so geht es, wenn junge Mädchen Reitunterricht abhalten wollen! Warten wir ab, wie es weitergeht.

Das riß mich aus meiner Versteinerung. Ich warf einem Mädchen Silbers Zügel zu und sagte: „Halt ihn fest und laß ihn nicht los, egal was geschieht!"

Dann eilte ich zu Beatrice und weiter zu den anderen Schülerinnen, die von Sessan und Rauhbein gefallen waren. Niemand hatte sich verletzt, allerdings waren sie alle mit Lehm vollgespritzt. Sessans kleine Reiterin schnuffelte und schluchzte, daß sie nie mehr im Leben auf einem Pferd sitzen wolle. Beatrice lief über die Reitbahn und jagte hinter Lillebror her. Das gefiel mir und war wirklich anerkennenswert, wenn auch sinnlos. Ich rief ihr zu, sie solle es lassen, dann holte ich Lillebror selbst zurück. Man brauchte ihn nämlich nur zu locken und die Hand so zu halten, als hätte man einen Leckerbissen für ihn – dann kam er ganz von selbst angetrabt, mit dem unschuldigsten Blick der Welt.

Sessan kam tatsächlich wie aus einem Schlammbad. Sie war über und über triefend naß und lehmig, und es wurde mir blitzartig klar, daß ich sie sofort in den Stall bringen mußte. Sessan durfte an diesem Tag nicht mehr geritten werden.

„Haltet die Pferde ordentlich fest, ich bin gleich zurück!“ rief ich meinen Helferinnen zu und hoffte innerlich, daß nun nichts mehr passieren möge.

„Kümmert euch bitte um Sessan!“ rief ich. Kicki war auch da, sie riß entsetzt die Augen auf.

„Himmel! Was ist denn mit ihr geschehen?“

„Mach dir um Sessan keine Sorgen“, sagte ich verärgert. „Aber sei doch so gut und gehe zum Reitplatz und paß auf die Mädchen auf, damit ja nichts mehr passiert! Ich muß Rauhbein suchen, er ist ausgerissen!“

„Dann ist er bei unserem Nachbarn!“ rief Marie. „Ich komme mit.“

Wir machten uns auf den Weg. Ich hatte längst vorgehabt, mich einmal dort bekannt zu machen, freilich nicht bei so einer Gelegenheit. Und tatsächlich! Dort, auf dem fein geharkten Kiesweg, mitten vor dem Haus, stand ein großer, dicker Mann und hielt unser Fjordpony energisch an den Zügeln fest.

„Kinder, Kinder!“ sagte er und schüttelte den Kopf. Ich bat ihn vielmals um Entschuldigung und bedankte mich herzlich für seine Hilfe. Aber ich wagte nicht, zu sagen, es werde nicht mehr geschehen . . .

Mit dem Pferd in unserer Mitte stapften wir zurück zur Reitschule. Die letzte Pony-Reitstunde wurde fortgeführt, und die kleine Beatrice hatte sich diesmal zu fügen und ihre Pferdeführerin zu dulden. Das Mädchen, das auf Sessan geritten war, wollte es absolut nicht mehr versuchen. So hob ich sie mit sanfter Gewalt auf Silber. Nach ein paar Runden mit finsterem Gesicht und verbissenem Schweigen war dann alles wieder gut, und sie fand es lustig, zu reiten.

Der Unterricht mit den großen Pferden verlief weitaus ruhiger. Vielleicht hing es damit zusammen, daß ich nur drei Pferde zu beobachten hatte, Kurre, Organdie und Patrik, vielleicht aber spielte es auch eine Rolle, daß die Schüler, die auf den großen Pferden ritten, alle schon einmal im Sattel gesessen und zumindest kurze Zeit geritten waren. An diesem Tag hatten wir einen einzigen Jungen unter den Schülern, einen Fünfzehnjährigen, der von Kurre ganz begeistert war und ihn eine ganze Stunde lang ritt. Patrik und Organdie erwiesen sich als sehr gute Schulpferde, das hatte ich nicht erwartet! Patrik folgte ganz gehorsam der Spur, und Organdie war natürlich für kleinere, leichtere Reiter eine wahre Wonne!

Kurz nachdem der Reitunterricht für diesen Tag zu Ende war, kam Hasse und wollte natürlich wissen, wie es uns ergangen war.

„Ich bin recht zufrieden. Die Pferde gehen besser, als ich es erwartet hatte, und einige von den

Schülern sind nicht untalentiert. Es wird alles gutgehen."

„Britta ist wirklich ein Vorbild in ihrer Begeisterung!" stellte Kicki neckend fest. „Hasse, du kannst dir einfach nicht ausdenken, wie sie alles anfaßt und auch durchhält!"

„Kicki kann sich eben nicht vorstellen, daß ich jahrelang davon geträumt habe, als Reitlehrerin zu arbeiten, und daß ich es grenzenlos genieße, es endlich tun zu dürfen."

„Keine Schwierigkeiten, vor allem keine Unfälle, hoffe ich?" fragte Hasse weiter.

„Na ja", gestand ich und erzählte das Pony-Getümmel. Aber darüber lachte Hasse nur. Ich sah ihn ärgerlich an.

„Es war nicht sehr schön, dazustehen und diesem Gewühle zuzusehen", protestierte ich.

„Das glaub ich dir", entgegnete Hasse gutmütig einlenkend, dann aber wurde er ernst: „Auf alle Fälle bist du mit der Situation fertig geworden, das ist das wichtige. Und du mußt immer damit rechnen, daß die Ponys ausgelassen und wild werden."

Es folgten interessante und arbeitsreiche Wochen. Hasse und Thomas arbeiteten tagsüber in der Stadt. Ich sah sie selten, meistens nur an den Wochenenden. Kicki kam fast jeden Tag und half, wo immer es nötig war. Im übrigen mußte ich natürlich alles allein machen, dafür war ich schließlich hier. Mit der Zeit fiel mir auf, daß einige junge Mädchen jeden Tag im Stall waren und sich nützlich machten, egal, ob sie ritten oder nicht, während andere nur zu ihrer Reitstunde einmal in der Woche kamen.

„Du, Britta!"

Ich saß auf der Haferkiste in der Sattelkammer und umwickelte gerade Silbers Stirnriemen mit einem grünen und weißen Plastikband.

„Ja, was ist?"

In der Tür stand das Mädchen Ann. Ich sah sie oft in Silbers Nähe, draußen auf dem Weideplatz, aber auch bei seiner Box, wenn die Pferde im Stall waren. Sie war immer eifrig und hilfsbereit, wenn es galt, die Pferde während der Unterrichtsstunden zu führen. Wenn sie selbst ritt, bat sie sich immer Silber aus. Jetzt machte sie ein verlegenes Gesicht, als wisse sie nicht genau, was sie sagen sollte.

„Weshalb schaust du so ängstlich?" fragte ich scherzend.

Da lachte sie und sagte: „Ach – weiß nicht!" Gleich darauf schien sie mutiger und bat mich: „Es ist – weißt du – könnte ich nicht Pflegerin für Silber werden ...?" Da ich nicht sofort antwortete, ergänzte sie schüchtern: „Falls du einen Pfleger willst ..."

Ich hatte bisher tatsächlich noch nicht daran gedacht. Für alle anderen Pferde waren erste und auch zweite Pfleger benannt worden, für manche sogar ein dritter. So bestimmte es die Stallordnung, und im übrigen gibt es nichts Schöneres, als Pferdepfleger zu sein, wenn man schon kein eigenes Pferd besitzt. Mädchen, die als Pferdepfleger arbeiteten, waren natürlich gerade jetzt, während der Sommerferien, jeden Tag im Stall bei ihren Pferden. Sie waren dafür verantwortlich, daß die Pferde regelmäßig gestriegelt wurden, daß sie rechtzeitig vor Beginn der Reitstunden gesattelt und gezäumt waren und daß sie danach ihre notwendige Pflege bekamen.

Bisher hatte ich Silber stets selbst versorgt, aber genaugenommen war dies recht unpraktisch, denn ich war ständig von Schülern umringt, die mich tausend Sachen fragen wollten – und dies meist vor Beginn der Reitstunden. In Ruhe konnte ich Silber kaum mehr betreuen.

„Und warum willst du Pfleger werden?" fragte ich ganz ruhig.

„Erstens, weil ich Silber so gern habe ... und dann ... ja, weil ich nicht das Geld habe, oft zu reiten ... und dann ist es doch viel lustiger, hier zu sein, wenn man eine wirkliche Aufgabe hat."

„Gut! Dann tu es also!" entschied ich, und Ann sah so überglücklich aus, als hätte ich ihr eben Silber geschenkt. „Aber dann mußt du ihn auch ordentlich pflegen!" fügte ich noch hinzu.

„Ja, ganz bestimmt!" kam es sehr glücklich mit einem Seufzer von Ann als Antwort. Gleich darauf sagte sie schüchtern: „Aber so sehr viel kann ich noch nicht ..."

„Das läßt sich alles lernen, das kommt mit der

Zeit", versicherte ich. „Und du kannst mich jederzeit fragen, wenn du unsicher bist."

Als Ann ging, kam gerade Kicki in den Stall. Ich erzählte ihr sogleich von meiner jüngsten Pferdepflegerin.

„So, so!" rief Kicki und hatte einen aufreizenden Ton in der Stimme. „Nun kommt also der Faulpelz bei dir zum Vorschein! Und ich hatte immer gedacht, ein richtiger Reiter pflegt sein Pferd selbst!"

„Klar! Habe ich auch immer getan!" empörte ich mich. „Vor allem, wenn ich reite. Aber vor den Unterrichtsstunden gibt es immer soviel anderes zu tun, daß ich manchmal wirklich mit Silbers Pflege nicht zurechtkomme."

„Ich weiß, ich verstehe", antwortete Kicki versöhnlich. „Es ist recht anstrengend. Wird es dir schon zuviel?"

„Keine Spur!" wehrte ich mich. „Im Gegenteil, ich habe eine Idee. Wie wäre es, wenn wir einmal alle Schüler zum Klubhaus bestellten? Also ein richtiges Treffen des Reitklubs? Dann sollten alle ganz offen sagen, was sie über unsere Reitschule denken. Sie sollen ruhig Wünsche und auch Beschwerden vorbringen und sagen, was ihnen mißfällt, oder auch andere Dinge fragen."

„Ja, das sollten wir machen!" rief Kicki begeistert. „Wollen wir doch gleich den nächsten Samstag ansetzen, unmittelbar nach Unterrichtsschluß. Dann sind nämlich Hasse und Thomas auch da."

Wieder einmal gab es einen Anschlag am großen Tor des Reitklubs und einen zweiten an der Stalltür: „Für Samstag wird im Klub zur Aussprache gebeten, bei Saft und Keksen." Sie kamen in Massen. Das Haus war nahezu zum Bersten voll. Kicki und Marie füllten Fruchtsaft in Pappbecher und verteilten Kekse. Alle saßen fröhlich und im lebhaften Gespräch beisammen.

„Wo steckt denn Lotta?" fragte ich Marie.

„Sie durfte nicht kommen", erzählte Marie. „Sie hat Streit mit ihrer Mutter gehabt und Ausgangsverbot bekommen. Kannst du dir denken, wie wütend sie war?"

„Das kann ich mir gut vorstellen", meinte ich. „Das ist wirklich Pech!" Dann füllte ich Hasse und Thomas, Kicki und mir selbst die Tassen mit frischem Kaffee.

„Und nun hört mal alle zu!" rief ich laut zwischen die munteren Stimmen. „Ihr könnt jetzt schon, während ihr euren Saft trinkt, darüber nachdenken, was ihr in unserer Reitschule für gut und was ihr für schlecht haltet. Was ihr vielleicht anders oder erklärt haben wollt. Dann können wir uns nachher darüber unterhalten."

Für kurze Zeit war es ganz still im Raum, die Jungen und Mädchen sahen sich grinsend an, bald aber begannen sie wieder munter zu schwatzen. Ich hatte mir Papier und Schreibzeug mitgenommen, um Notizen zu machen, falls besonders gute Vorschläge und Ideen geäußert würden.

„Dürfen wir nun beginnen?“ fragte nach einer Weile ein Mädchen namens Cilla. Sie pflegte Sessan. „Ich muß nämlich etwas sagen, was schlecht ist! Sessan hat keinen Sattel, und ich falle so oft herunter!“

Die anderen lachten, aber das machte Cilla nichts aus, sie war ein fröhlicher, unbeschwerter Typ. Nur Susanne, der Sessan gehört, schaukelte unruhig mit ihrem Stuhl und zeigte eine saure Miene.

„Ewig dieses Geschrei wegen des Sattels. Glauben denn alle, ich bin eine Millionärstochter?“ sagte sie grimmig. „Wir werden einen Sattel kaufen. Aber ich muß mir das Geld selbst zusammensparen, und das dauert beinahe eine Ewigkeit!“

„Ich wollte etwas fragen“, meldete sich als nächste Ingela, ein fröhliches, kleines Mädchen. „Wie soll man beim Reiten angezogen sein? Eigentlich will es meine Mami wissen, denn sie hat gehört, daß Reiterkleidung sehr teuer ist. Müssen wir unbedingt richtige Reiterhosen tragen?“

„Nein, wirklich nicht“, antwortete ich lächelnd. „Es geht tadellos mit Jeans oder gewöhnlichen, langen Hosen. Sie dürfen nur nicht zu schief geschnitten sein, denn dann springen sie in den Nähten auf. Zu weit dürfen sie allerdings auch nicht sein, denn wenn sie Falten werfen, reitet man sich leicht wund, und das schmerzt! Teure Reitstiefel sollt ihr euch auf keinen Fall kaufen. Das Geld dafür wäre hinausgeworfen. Denkt doch nur, ihr seid alle noch im Wachsen, wie schnell wären die Stiefel zu klein!

Ganz anders wäre es freilich, wenn ihr bei einem Turnier mitreiten würdet, aber das kommt ja für euch nicht in Frage – *noch* nicht."

„Aber *wann* kommt es in Frage?" wollten plötzlich alle wissen.

Diesmal übernahm Hasse die Antwort: „Da müßt ihr noch ein wenig warten! Aber eines Tages ist es dann soweit. Dann werdet auch ihr an einem Reiter-Turnier teilnehmen. Und dann muß man natürlich korrekt gekleidet sein. Aber es hat noch Zeit!"

„Aber eine Reitkappe soll man doch auf alle Fälle haben?" fragte Ingela.

„Ja, das muß ich bestätigen", antwortete ich. „Die Kappe ist das Wichtigste für den Reiter. Ich bin der Ansicht, daß ihr euch eine Kappe anschaffen solltet, wenn ihr ernsthaft beim Reiten bleiben wollt. Wenn wir später Ausritte in den Wald machen, dann müßt ihr ganz einfach eine Kappe haben, sonst könnt ihr nicht mitkommen!"

„Wann – wie – wie ist das mit Waldritten?" drängte Ingela ganz aufgeregt. „Wann dürfen wir ausreiten?"

Ich wandte mich an Hasse und Thomas: „Ich habe vor, schon bald mit den Pony-Gruppen kleine Waldritte zu versuchen", antwortete ich. „Einige von diesen Schülern hier sind schon so weit, daß sie mithalten können. Für die anderen ist es ein Ansporn!"

„Da habe ich nichts dagegen", meinte Hasse.

„Ich verlasse mich ganz auf dein Urteil. Vermutlich werden es alle als wunderbare Abwechslung zwischen den Reitstunden empfinden."

Die Mädchen und Jungen waren nicht mehr zu beruhigen. Es gab ein Gerede und Gesumme im Raum. Alles drehte sich um das Ausreiten.

Kicki drehte sich lachend zu mir. „Jetzt hast du etwas angestellt! Sie werden dir keine ruhige Minute mehr lassen, bis du sie einmal mit hinausnimmst. Dann werden sie dir alle von den Pferden fallen, die Pferde werden ausbrechen und du wirst frühzeitig ergrauen!"

„Ach was!" schnitt ich ihr das Wort ab und wechselte sofort das Thema. „Gib lieber zu, daß es großartig war, sie alle hierherzubitten und mit ihnen zu reden. Ich finde es jedenfalls wunderbar, wenn alles, was im Klub geschieht oder geschehen soll, gemeinsam durchgesprochen wird!"

„Ja, das stimmt. Und wir werden es von Zeit zu Zeit wiederholen", bestätigte Kicki meine Ansicht.

Ein paar Tage später holte ich mir vier Mädchen aus den Reihen meiner Schülerinnen zu dem ersten Ausritt. Zuerst überquerten wir das weite Feld, dann ging es in den Wald hinein. Die kleine Ingela war mit, auf Scheck, und Cilla auf Sessan und Mia, die älteste der Scheck-Familie, auf Lillebror.

Ich ritt auf Rauhbein. Meinen Silber hatte ich Carina gegeben, die in der darauffolgenden Woche nach Hause reisen mußte und herzensbewegend darum gebeten hatte, ein einziges Mal auf Silber reiten zu dürfen. Als wir den weichen, mit Tannennadeln übersäten Waldweg erreicht hatten, drehte ich mich im Sattel um und rief laut, damit alle es hören konnten:

„Nun müßt ihr zwei Dinge beachten! Zum ersten: Abstand halten, damit ihr nicht aufreitet, wenn eines der Pferde unvermutet stehenbleibt. Zum zweiten: *Falls* eine von euch vom Pferd purzelt – immer die Zügel in der Hand behalten! Und nun wollen wir ein Stück weit traben!"

Wir erlebten einen wunderbaren Ritt, und es geschah nichts Besonderes. Cilla rutschte zweimal von Sessans Rücken, als es etwas steil abwärts ging. Als wir zurückkamen, gab es kein Ende des Erzählens und der begeisterten Schilderungen, und ich wurde von allen Seiten bedrängt, bald wieder einen Waldritt zu unternehmen. Einigen, die schon recht gut waren, versprach ich es. Den anderen machte ich klar, daß sie zuerst ohne Pferdeführer reiten mußten, das sei sozusagen die Vorstufe und Bewährung.

Alle, die mit mir ausritten, mußten nun ihre Pferde selbst versorgen. Ich zeigte ihnen, wie sie die Hufe auskratzen mußten. Da tauchte Kicki plötzlich im Stall auf, und es war ihr anzumerken, daß sie eine umwerfende Neuigkeit mitzuteilen hatte.

Lord Peter

Kicki zog mich in eine entlegene Ecke des Stalles. Nach einer spannenden Atempause stieß sie nahezu flüsternd aus: „Dreimal darfst du raten . . .!"

„Besser sagst du mir gleich, was los ist, eh du zerspringst!" gab ich zur Antwort.

Kicki konnte sich auch nicht länger halten: „Thomas hat ein Pferd gekauft!" sagte sie mit strahlenden Augen. „Es kommt noch heute abend. Ein Vollblut aus Täby. Es ist ein schwarzer Wallach. Thomas sagt, er ist sehr wild und man kann ihn vermutlich gar nicht reiten. Aber so etwas interessiert Thomas ja nicht!"

Ich ließ mich sehr schnell von Kickis Aufregung und Begeisterung anstecken, und so warteten wir gespannt auf den Abend. Gegen sieben Uhr kam Thomas zu uns und bereitete in einer der Boxen im Stall alles vor. Dann setzten wir uns zu mir in die Küche, tranken Tee und warteten.

Thomas ist ein recht schweigsamer Mensch, daher kannte ich ihn noch kaum. Einige Male hatte ich ihn bisher gesehen, wenn er Hasses Pferde geritten hatte, aber ich wußte nichts von ihm, auch nicht, wie er als Reiter war. Er wirkte sehr selbstsicher. Thomas hatte helles, recht kurz geschnittenes Haar und ein mageres, kantiges Gesicht.

„Still, jetzt höre ich etwas!“ rief Kicki zum zehntenmal und rannte ans Fenster.

„Ach was, das bildest du dir nur wieder ein!“ entgegnete Thomas und blieb ruhig sitzen und goß sich eine Tasse Tee ein. Aber diesmal hatte Kicki sich nicht getäuscht. Es war tatsächlich der Pferdetransporter, der vor dem Stall haltmachte. Wir rannten alle drei hinaus. Ein großer, moderner Transportwagen war vorgefahren. Es standen viele Pferde darin, aber Thomas sah natürlich nur eines. Mit der Miene des Besitzers führte er sein schwarzes Pferd ins Freie.

Es war ein recht kleines Vollblut, höchstens einen Meter und sechzig hoch, nach meiner Schätzung. Es stand ganz ruhig neben Thomas und sah mit wachen Augen um sich. Thomas redete die ganze Zeit leise mit dem Wallach. Das Pferd sah Thomas halb gleichgültig, halb interessiert an, seine Ohren spielten pausenlos. Es war, als sei dieses Tier schon sehr vielen Menschen in seinem Leben begegnet und als sei es deshalb noch nicht ganz sicher, ob dieser Mensch ein besonderer war.

Sein Fell glänzte, seine Muskeln spielten, nirgends an seinem Körper gab es ein Gramm überflüssiges Fett.

„Er sieht aus, als sei er in Topform!“ rief Kicki voll Bewunderung aus.

„Er kommt auch direkt von einer Rennbahn.“ Thomas’ Stimme drückte Zufriedenheit aus, er klopfte seinem Pferd den Hals.

Was war denn an ihm auszusetzen, hätte ich beinahe gefragt, korrigierte mich aber blitzschnell und sagte: „Warum haben sie ihn denn verkauft?“ Aber Thomas zuckte nur mit den Schultern, als interessiere ihn das nicht.

„Er ist wohl nicht schnell genug, das wird alles sein. Vielleicht kam er beim Rennen immer als Letzter an . . .“ Dann grinste Thomas plötzlich: „Er soll auch beim Training recht unwillig gewesen sein und alle Mädchen, die ihn ritten, abgeworfen haben . . .“

Es klang, als mache gerade diese letztgenannte Eigenschaft Thomas richtig Spaß. Ich hatte das Gefühl, als warte er schon darauf, seine Kräfte mit diesem schwarzen Pferd zu messen. Thomas bezahlte nun den Transport, und der große Wagen fuhr weiter. Wir gingen in den Stall und gaben dem Pferd Heu und Wasser in die Box, die Thomas vorbereitet hatte.

„Wie heißt er?“ wollte ich wissen. Thomas untersuchte sein Pferd überall, um sicher zu sein, daß es beim Transport keinen Schaden gelitten hatte.

„Lord Peter“, antwortete Thomas etwas abwesend, denn er hatte eben eine kleine wunde Stelle hinter einem Ohr des Pferdes gefunden, die eine Schürfverletzung war, vermutlich durch das Halfter. „Kicki, würdest du mir bitte Alkohol und etwas Watte und die Wundsalbe holen?“

Als Lord Peter alle Pflege bekommen hatte, die nur möglich war, konnte sich Thomas doch noch nicht zum Gehen entschließen. Ich konnte ihn gut verstehen. Ich mußte an meine kleine Siboney denken, die ich viele Wochen lang nicht gesehen hatte. Madeleine schrieb mir wohl hie und da, kurze, schnell hingeworfene Nachrichten, dadurch wußte ich, daß mein Fohlen wuchs, langbeinig und hager war und daß es Tag und Nacht mit Gazelle auf der Weide blieb. Madde selbst hatte sehr viel Arbeit und dadurch nicht die Zeit, sich soviel um das Fohlen zu kümmern, wie ich es getan hätte. Auch dieses Wissen trug dazu bei, daß ich mich immer mehr nach meinem Fohlen sehnte und sehr auf den Tag wartete, an dem ich Siboney hierherbringen konnte. Und ich hoffte im geheimen, daß sie bis dahin nicht ganz und gar verwildern würde.

Der Juli verging im Nu. Es ereignete sich täglich so viel in unserer Reitschule, daß wir nicht merkten, wie die Tage verflogen. Ich ritt, wann immer ich Zeit fand und noch die Kraft dazu hatte. Meistens natürlich auf Silber, aber auch auf allen anderen Pferden, denn ich wollte sie ja kennenlernen. Am liebsten war mir Organdie. Je mehr Schüler in der Reitbahn auf ihrem Rücken saßen, desto ruhiger und geduldiger wurde sie. Sie schien sich als Schulpferd sehr wohl zu fühlen, ja, diese Aufgabe sogar zu genießen. Auch Hasse, der hie und da dem Reitunterricht zuschaute, fand, sie habe große Fortschritte gemacht.

Thomas und Lord Peter kämpften dagegen sehr miteinander. Lord Peter kannte nun wirklich keine nervösen Stimmungen wie Organdie, aber er war schlau, berechnend und rücksichtslos. Er kannte nur ein Ziel, Thomas aus dem Sattel zu werfen – und dafür brachte er sich selbst nahezu um. Alle, die diesem Kampf beiwohnten, begriffen, daß Thomas ihn einfach gewinnen mußte. Freilich hatte Thomas nicht Hasses Erfahrung, aber er besprach jedes Problem mit ihm und bekam viele gute Ratschläge. Trotzdem sah es aus, als würde es ein langwieriger Kampf.

Verglich man Thomas' Probleme mit denen meiner Reitschule, dann hatte ich das reinste Idyll! Die kleinen Streiche, die unsere Ponys durch ihren Übermut auslösten, waren ja wirklich meist zum Lachen. Sessan hatte allerdings noch immer keinen Sattel. Dafür aber hatte sie entdeckt, wie einfach sie einen Reiter abwerfen konnte; nämlich, indem sie jäh stehenblieb und ihren Pferdekopf zwischen die Vorderbeine steckte. Hinter Silber ging sie nach wie vor folgsam wie ein Engel. Aber sobald jemand etwas selbständiger ritt und nicht nur tatenlos auf ihrem weichen Rücken dahinschaukelte, wandte sie immer wieder mit Erfolg ihren Trick an. Und da sie einen starken, kurzen Hals hat und einen fast nicht auffindbaren Widerrist, war es für die jungen Reiter wirklich nicht leicht, sitzen zu bleiben.

Eines Tages gab sich Sessan schwieriger als sonst. Wir übten Galopp. Cilla war an der Reihe, auf Sessan zu reiten, und es erging ihr schlecht. Sie landete hart im Sand der Reitbahn und erklärte zwischen lachendem und verzweifeltem Stöhnen: „Nun ist es genau das fünfzehnte Mal!“

„Laß mich mal drauf“, schlug ich vor, denn nun hatte ich Sessans Launen wirklich satt. Mit einem Sprung war ich auf ihrem Rücken und ritt auf dem Hufschlag. Meine Schülerinnen standen am Zaun der Reitbahn, und es herrschte erwartungsvolles Schweigen.

„Schaut!“ hörte ich es flüstern, „Britta reitet!“ Nun hatten auch die anderen, die noch irgendwie beschäftigt waren, nur noch Augen und Interesse für Sessan und mich.

Sessan hatte großen Respekt vor mir und begann daher gehorsam zu traben und später auch zu galoppieren, als ich ihr die richtigen Hilfen gab. Wir hatten schon etliche Runden im Galopp hinter uns, und ich dachte im geheimen: Es geht ja fein! – und dann mußte ich für einen Augenblick nachgelassen oder gedöst haben ... und genau in diesem Augenblick steckte Sessan ihren Kopf zwischen die Beine. Plötzlich hatte ich nichts mehr vor mir als einen kurzen, kräftigen Hals, über den ich wie auf einer Rutschbahn zur Erde segelte. Ja! Da saß ich also, und die Jungen und Mädchen lachten. Ich lachte mit und schwang mich wieder auf Sessans Rücken und ritt noch ein paar Runden im Galopp. Dann ging ich im Schritt zu Cilla zurück.

Mit freimütigem Lachen wandte ich mich an meine Zuschauer: „Also geplant war ja diese Vor-

Wie auf einer Rutschbahn segelt Britta von der frechen Sessan

führung nicht gerade – aber ich hoffe, sie hat euch trotzdem Spaß gemacht! Und eins habt ihr wohl erneut daran gelernt: Es ist nicht die Welt, wenn man aus dem Sattel fällt! Es ist nur wichtig, sofort wieder aufzusitzen und von neuem zu beginnen. Niemals aufgeben, das ist das Richtige!"

Es wurde ein ungewöhnlich trockener, regenarmer Sommer. Der Sand der Reitbahn staubte, das Gras auf den Weideplätzen vertrocknete. An den Gattertoren war das Gras völlig zertrampelt und vernichtet.

Mitte August begann es. Die Pferde husteten! Mit Scheck fing es an, er hustete, sobald ein Pferd in der Reitbahn vor ihm Staub aufwirbelte. Das machte mir Sorge, denn das kleine Shetlandpony war ja schon alt. Ich ließ Scheck für ein paar Tage auf die Weide, denn sicher vertrug er es schlecht, soviel Staub einzuatmen. Aber schon am nächsten Tag war Lillebror an der Reihe, bald darauf fing Patrik an zu husten. Und dann husteten und krächzten alle Pferde. Es mußte etwas geschehen, und das rasch.

Hasse, Thomas, Kicki und ich fanden uns zu einer Besprechung des Katastrophenfalles im Klubhaus zusammen. Dazu gesellten sich noch die Besitzerin des Schecks und Agneta, die Kurre von ihrem Onkel zur Verfügung gestellt bekommen hatte. Ebenso Susanne, der Sessan gehörte. Alle machten sich große Sorgen.

„Wie ernst ist nun eigentlich die Lage, Britta?" forderte Hasse mich auf, zu berichten. „Husten die Tiere während der Unterrichtsstunden?"

„Ja", sagte ich bestimmt, „gerade in den letzten Tagen war es sehr arg. Ich meine, es geht nicht, daß wir weitermachen. Es ist schade um die Pferde, und auch die Schüler können nicht reiten, wenn die

Pferde ihnen bei jedem Hustenanfall die Zügel aus den Händen reißen. Man hört unsere armen Tiere weithin husten, und ich glaube, es sollte der Eindruck vermieden werden, daß wir unsere Reitschule mit kranken Pferden betreiben."

„Das ist eine klare, aber niederschmetternde Auskunft", stellte Hasse fest und legte seine Stirn in tiefe Falten. „Du meinst also, wir sollten das Reiten ab sofort gänzlich einstellen?"

„Ja, genau das meine ich", antwortete ich ernst und blickte in die Runde. „Ich selbst möchte nicht, daß Silber weiterhin durch den Staub rennt und schlechter und schlechter wird, und ich bin überzeugt, daß alle anderen genauso besorgt um ihre Pferde sind."

„Scheck und Lillebror sind ja schon aus dem Unterricht gezogen", stellte Tante Scheck fest. „Ich glaube auch Patrik?"

„Ja", bestätigte ich, „und so müßten wir einen nach dem anderen herausziehen, bis kein Pferd mehr kann. Also müssen wir so oder so den Betrieb einstellen."

„Sessan soll auch nicht mehr mittun, ich will es nicht!" rief Susanne plötzlich dickköpfig.

„Kurre ist wohl bis jetzt ganz gut davongekommen", überlegte Agneta, „aber lange wird es bei ihm auch nicht mehr dauern, falls er weitermacht."

„Dann wollen wir die Reitschule zunächst für eine Woche schließen", schlug Thomas vor. „Und dann gehen wir sofort an die Arbeit und richten den Zaun für den letzten Weideplatz, hoch oben, nahe am Wald. Dort waren sie während dieses Sommers noch gar nicht, vielleicht ist der Boden dort weniger ausgedörrt, das Gras noch frischer. Wollen wir es hoffen."

„Sollten wir nicht auch den Tierarzt kommen lassen?" fragte Kicki.

„Doch, das ist richtig", bestätigte Hasse sofort. „Seid ihr alle einverstanden, daß die Reitschule zunächst geschlossen bleibt?"

„Dann ist es also wieder einmal soweit", sagte Kicki und zog ein Gesicht. „Zwei Anschläge müssen gemacht werden. Am Eingang und an der Stalltür."

Siboney

Der Tierarzt bestätigte unsere Vermutung: Der Staub verursachte den Pferdehusten. Er riet uns, alle Pferde streng von der Reitbahn fernzuhalten, bis sie wieder gesund waren. Außerdem sollten wir die Reitbahn stark spritzen und den Sand ganz einfeuchten, bevor wir den Betrieb wieder aufnehmen. Obwohl wir einen Anschlag am Eingang zum Klub und an der Stalltür angebracht hatten, kamen doch täglich Mädchen und Jungen angelaufen, und alle wirkten sehr niedergeschlagen. Ich selbst konnte nachts kaum noch schlafen, denn jedesmal, wenn eines der Pferde hustete, fuhr ich hoch und fürchtete, daß es den Pferden schlechter ging.

Lord Peter war das einzige Pferd in unserem Stall, das nicht hustete, aber er hatte auch nicht im Staub der Reitbahn arbeiten müssen wie die anderen. Thomas kam jeden Abend heraus und ritt, oft arbeitete er auch mit seinem Pferd an der Longe. Kicki und ich waren interessierte Zuschauer. Uns kam vor, als hätte Thomas eine weichere Art der Dressur für Lord Peter gefunden, denn dieser wirkte nun wesentlich ruhiger. Trotzdem spürten wir noch immer, daß zwischen dem Pferd und seinem Reiter noch nicht das richtige Einverständnis da war. Es kam vor, daß Lord Peter ruhig und gehorsam lange Zeit mitarbeitete, um sich dann plötzlich in einem Anfall dickköpfig den Anweisungen seines Herrn zu widersetzen. Thomas aber blieb auch dann im Sattel!

„Jetzt habe ich ihn bald soweit. Er ist beinahe so fromm wie ein Schulpferd“, sagte Thomas eines Abends, als er ganz besonders zufrieden mit seinem Pferd war. Er bewegte sich im Schritt und mit langen Zügeln dem Stall zu, Kicki und ich gingen neben ihm.

„Wann willst du übrigens dein Fohlen hierher holen?“ fragte er.

„Im nächsten Monat“, erwiderte ich freudig. „Kannst du dir vorstellen, wie ich mich nach ihm sehne? Ich habe Siboney eine Ewigkeit nicht gesehen!“

„Hör einmal", sagte Thomas darauf, „warum fährst du denn nicht für ein paar Tage zu Madeleine, wenn die Reitschule doch geschlossen ist? Du hast doch nichts Wichtiges zu tun, und nach den Pferden sehen kann auch Kicki."

„Dürfte ich das ... ich meine, geht das wirklich?" Ich war so aufgeregt vor Freude, daß ich stotterte.

„Warum denn nicht?" ermunterte mich auch Kicki. „Gerade heute morgen sagte der Tierarzt, die Pferde seien nun alle auf dem Weg der Besserung. Du brauchst also auch um Silber keine Angst mehr zu haben. Ich werde mich um ihn kümmern wie um ein Wickelkind – und dann ist ja noch die kleine Ann da, deine Pferdepflegerin, sie läßt ihn keinen Tag aus den Augen! Vermutlich können wir bald wieder mit dem Unterricht anfangen, also nütze ein paar Tage Urlaub!"

Schon am nächsten Morgen stieg ich in den Bus. Ich hatte bei Madeleine angerufen, und sie freute sich auf meinen Besuch. Mein Bus fuhr die sonderbarsten Umwege und blieb fast an jeder zweiten Wiesenblume stehen. Ich zweifelte schon daran, daß ich jemals mein Ziel erreichen würde, als ich endlich am Militärflughafen aussteigen konnte. Von dort aus war es nicht mehr weit zum Birkenhof.

Die Hunde hörten mich schon bald und kamen fröhlich kläffend aus dem Haus. Madeleine stand am Balkon und winkte mir zu.

„Es hat gar keinen Sinn, einen Willkommensgruß zu rufen, wenn diese zwei Wilden dich begrüßen!“ sagte sie später, als ich glücklich mit ihr zusammensaß. „Wie geht es dir übrigens? Hör einmal – ich glaube, du hast ein paar Kilo abgenommen!“ neckte sie mich. „Arbeitest du so hart?“

„Und ob!“ gestand ich. „Aber es macht mir nur Freude! Im Augenblick haben wir allerdings die Reitschule geschlossen, ich sagte es dir schon am Telefon. Und wie geht es unseren Pferden?“

„Alles bestens! Siboney ist recht frech geworden, das kannst du mir glauben. Sie jagt und springt herum und ärgert Gazelle, verabreicht ihr kleine scherzhafte Bisse und schlägt nach hinten aus ... Gazelle hat schon genug von ihr. Es ist an der Zeit ...“

„Ja-a-a ...“, antwortete ich. „Wann meinst du, daß ich sie mit zu mir nehmen kann?“

„Tja – vielleicht in ein paar Wochen?“ überlegte Madeleine. „Aber komm, laß uns hinausgehen und die Pferde begrüßen! Ich mache dir dann eine Liste über alle Vitamine und Zusatznahrung, die sie noch braucht.“

Ich blieb zwei Tage bei Madeleine und war die meiste Zeit auf der Weide, bei Siboney oder im Stall, wenn die Pferde hereingeholt wurden. Mein kleines Pferd Siboney war gewachsen, war aber noch recht kantig und außerordentlich streitlustig. Ich könnte auch nicht behaupten, daß es sehr leicht war, mit ihr zurechtzukommen.

„Du mußt verstehen“, sagte Madeleine entschuldigend, „ich habe in diesem Sommer so sehr viel Arbeit gehabt, daß ich die Pferde einfach ein freies Leben auf der Weide führen ließ!“

Am letzten Abend vor meiner Abreise saß ich auf dem Gattertor und betrachtete mein Fohlen, das bei den Strahlen der untergehenden Sonne noch weidete. Du hast so einen schönen Namen bekommen, sprach ich in Gedanken mit Siboney, aber wird er jemals zu dir passen? Du bist nicht sehr schön, nur langbeinig und kantig, und besonders lieb bist du auch nicht. Aber: Du gehörst mir, auf alle Fälle gehörst du mir!

Ich kletterte vom Tor herab und ging langsam auf die Weide. Siboney graste recht weit entfernt von Gazelle und den anderen Pferden. Als ich mich näherte, legte sie sofort ihre langen Ohren flach nach hinten, stellte sie aber im nächsten Augenblick wieder auf und sah mich neugierig an.

„Ich mag dich ja doch, kleines Fohlen“, sagte ich ganz weich und blieb ein Stück entfernt von ihr stehen. Sie legte ihren Kopf zur Seite, wie Hunde es tun, und sah mich aufmerksam an. Dieser Kopf war jedenfalls hübscher geworden, die weiße Blesse war nicht mehr so dominierend, im Gegenteil, sie sah recht niedlich aus. Vorsichtig streckte ich meine Hand vor und kraulte Siboney hinter einem Ohr, und es kam mir vor, als fände sie es schön, denn sie drückte sich gegen meine Hand und wollte, daß ich fester zugriff.

Es war ganz still um uns, und ich blieb an diesem warmen Abend lange draußen im Freien.

Als ich in die Reitschule zurückkam, schienen die Pferde den Husten überwunden zu haben, denn keines weckte mich nachts aus dem Schlaf. Hasse schlug vor, langsam mit kleinen Ausritten in den Wald zu beginnen. Wenn die Pferde dabei nicht husteten, könnten wir auch bald wieder Reitunterricht abhalten. Also stellte ich für den nächsten Tag eine kleinere Gruppe Mädchen zusammen und ritt mit ihnen in den Wald. Auf Silber setzte ich mich an die Spitze.

Ich schlug den üblichen Waldweg ein und nahm mir einen Rundritt vor, der etwa eine Stunde dauerte. Die Mädchen waren strahlender Laune. Sie fanden es herrlich, endlich wieder einmal auszureiten, nach so langer Pause. Auch den Ponys merkte man an, daß sie eine Zeitlang nicht geritten wurden, sie waren voller Eifer. Sessan hatte endlich einen Sattel bekommen, hellbraun und sehr schön anzusehen, aber er war leider nicht sehr gut. Er hatte keine Wülste, um die Knie abzustützen, und war recht hart und platt. Trotzdem war das Mädchen, das Sessan ritt, natürlich stolz, nun in diesem neuen Sattel zu sitzen.

Es geschah während eines Galopps. Ich ließ Silber langsam, ganz langsam zum Galopp übergehen, dabei drehte ich mich immer wieder im Sattel um, denn ich wollte sehen, ob alle mitkamen. Trotz dieser Vorsorge erklang dann doch plötzlich ein

Schrei und gleich darauf ein allgemeines Rufen: „Stehenbleiben! Stehenbleiben!“ Ich hielt Silber sofort an und ritt zurück, um zu sehen, was geschehen war. Diesmal war Scheck der Sünder. Er war wohl halb schlafend im Schritt geblieben, und da er ziemlich am Ende ging, merkte er zu spät und zu plötzlich, daß die anderen Pferde schon im Galopp lagen. Das mochte ihn verwirrt haben – mit einem wilden Bocksprung jagte er den vor ihm liegenden Pferden nach! Lillan, die kleinste der Scheck-Mädchen, krabbelte heulend aus dem Graben.

„O weh, wie siehst du aus!“ brach ich in Entsetzen aus, denn sie war wirklich arg dran. Lillan war auf die Nase gefallen, die jetzt heftig blutete. Ihr ganzes Gesichtchen war mit Staub, Tränen und Blut verschmiert.

„Komm, laß mich sehen!“ bat ich sie freundlich. „So darfst du nicht aussehen, wenn wir nach Hause kommen. Dann bekommt deine Mutter einen Herzschlag! Los, sitz wieder auf, wir reiten zur nächsten Quelle, und ich wasch dir dann dein Gesicht. Hast du ein Taschentuch?“

Dann bewegten wir uns vorsichtig im Schritt zur nahe liegenden Quelle, und Lillan tauchte ihr glühendes Gesichtchen in das klare, kalte Wasser und wusch sich das Blut und den Schmutz ab.

„Fühlst du dich jetzt besser?“ fragte ich, und sie nickte. Aber sie war noch recht blaß, obwohl das Nasenbluten vorbei war. Ein Glück, so konnten wir doch weiterreiten.

Wir hatten uns recht verspätet, also entschloß ich mich, auf dem Rückweg eine Abkürzung zu nehmen, einen kleinen Abhang hinunter, der allerdings recht steil war. Zuerst aber ermahnte ich alle, daß sie die Regeln genau beachten sollten: die Schenkel am Platz lassen und den Oberkörper nach vorn beugen. Ich ritt voraus und zeigte ihnen genau die richtige Körperhaltung. Dann ritten sie langsam in einer Reihe mir nach, und alles ging recht ruhig und fein, bis wir beinahe unten waren. Dann aber brach Lärm hinter mir aus: ein Brechen von Zweigen, so wie es nur zu hören ist, wenn ein Pferd durchgeht, und lautes Weinen.

Was ist nun schon wieder los? überlegte ich und ließ alle halten. Zwischen den Bäumen schoß Sessan wild herum, in einer sonderbar verkrümmten Körperhaltung. Der neue Sattel war dem armen Pferd bis zu den Ohren geglitten – der Sattelgurt konnte nicht ordentlich zugezogen gewesen sein! –, und mitten auf dem Waldweg saß Sessans kleine Reiterin, den Reithelm neben sich auf dem Boden, laut schluchzend.

„Ist dir etwas zugestoßen?“ fragte ich voller Unruhe. Sessan überließ ich zunächst ihrem Schicksal.

„Ich bin mit dem Kopf gegen einen Stein geflogen“, jammerte die Kleine und blieb heulend auf der Erde sitzen.

„Ja – aber – hast du denn den Helm nicht aufgehabt?“

„Doch. Aber er ist mir heruntergefallen.“

„Wie konnte das geschehen?“ wollte ich wissen.

„Ich habe vergessen, den Kinnriemen unter das Kinn zu schieben“, gestand sie verzweifelt und ein wenig verlegen.

Ich hätte mich ohrfeigen können. Nach so vielen Stunden und Tagen des Unterrichts hätte ich wissen müssen, daß die Kinder immer wieder etwas vergessen, daß es meine Pflicht und meine Aufgabe war, sie an den Kinnriemen zu erinnern und nachzuprüfen, ob der Sattelgurt fest angezogen war. Sollte ich nun noch mit dem armen Mädchen schimpfen? Gewiß nicht! Sie würde für eine Zeit als Erinnerung an dieses Abenteuer eine dicke Beule am Kopf haben – und sicher niemals mehr vergessen, den Kinnriemen der Reitkappe anzulegen.

„Halte mal einen Augenblick Silber“, bat ich sie, „dann hole ich dir Sessan zurück.“

Aber die Kleine blieb mitten auf dem Waldweg sitzen und heulte nur noch heftiger: „Ich will überhaupt nicht mehr reiten!“

Es klang ein wenig hysterisch, es war wohl der Schreck. Also versuchte ich es auf andere Art: „Aber du kannst mir doch Silber festhalten“, bat ich. „Ich muß mich jetzt wirklich um Sessan kümmern, ich muß ihr den Sattel neu anlegen, sonst wird das arme Tier verrückt!“

Das Pony Sessan schien wirklich erleichtert zu sein, als es den Sattel los war. Trotzdem legte ich ihn wieder auf, diesmal aber sehr korrekt, und ich zog den Gurt nochmals nach.

„So, nun ist alles in Ordnung!"

Aber die Kleine wollte nicht. Eigensinnig blieb sie neben Silber stehen.

„Auf Sessan will ich überhaupt nicht mehr reiten", schluchzte sie.

„Dann reite doch auf Silber nach Hause", schlug ich ihr vor. „Ich nehme Sessan." Die Kleine strahlte richtig, und wir kamen endlich auf den Weg.

Im Klubhaus warteten alle voller Unruhe, und wir wurden mit zahllosen Fragen überfallen: „Wieso wart ihr so lange aus?" – „Was ist geschehen?" – „Warum reitest du Sessan?"

„Haben die Pferde gehustet?" fragte Hasse plötzlich dazwischen.

„Ich habe wirklich nicht darauf geachtet", gestand ich und kam mir recht dumm vor. „Hört mal, ihr Kleinen! Hat eine von euch bemerkt, ob ein Pony gehustet hat, während wir durch den Wald ritten?"

Nein, nicht das leiseste Krächzen war vernommen worden. Da auch Patrik und Organdie nicht mehr husteten, kamen wir zu dem Entschluß: Der Reitunterricht wird wieder aufgenommen!

Die Schnitzeljagd

Der Sommer ging zu Ende. Meine kleine Pferdepflegerin Ann sagte eines Tages zu mir: „Könnten wir nicht etwas besonders Schönes und Lustiges veranstalten, ehe die Schulen wieder beginnen?“

Was sie denn dabei dächte, fragte ich sie, aber sie war sich wohl selbst nicht ganz im klaren – vielleicht irgendeine Art von Wettkampf? Das sei eine gute Idee, bestätigte ich ihr und versprach, mit Kicki darüber zu reden.

„Ich weiß, was wir machen!“ brach Kicki sofort in Begeisterung aus. „Wir veranstalten eine Schnitzeljagd!“

Ich hatte nur sehr vage Vorstellungen von einer Schnitzeljagd, ich wußte nicht, wie man sie durchführt.

Deshalb protestierte ich zunächst: „Glaubst du nicht, daß das zu schwer für sie alle wird?“

„Wir machen sie eben leicht! Nur Schritt und Trab, keine Hindernisse, aber um so mehr Kontrollen, wo sie stehenbleiben müssen und Pferdefragen zu beantworten haben. Du wirst sehen, sie werden alle begeistert sein, außerdem können wir es als eine Art Schlußprüfung bewerten.“

„Wir müssen natürlich lächerlich leichte Fragen stellen“, meinte Kicki, „denn die meisten der

Schüler haben erst in diesem Sommer angefangen, und schließlich sind sie alle noch recht jung!"

Wir schrieben uns viele Fragen auf, die wir für geeignet hielten, darunter waren: „Wie heißt die kleinste Ponyrasse der Welt?" und „Wie hoch darf ein Pony sein?" und „Wie nennt man in der Pferdesprache die Farbe, wie a) der Scheck, b) Organdie, c) Silber sie hat?"

„Du!" fuhr ich plötzlich auf, weil mir blitzartig eine Idee gekommen war. „Wir müßten auch ein paar Preise haben!"

„Aber bestimmt! Wie gut, daß du daran denkst! Warte, ich weiß etwas. Wir nehmen Kokoskugeln! Wir können sie in unserem Kiosk kaufen. Der Sieger bekommt eine Schachtel mit drei Kokoskugeln, dann der zweite zwei, der dritte eine. Außerdem habe ich noch ein paar hübsche Pferdefotos. Ich habe sie erst kürzlich hier geknipst. Drei davon will ich gern abgeben, für die drei ersten Sieger je ein Foto."

„Jetzt müssen wir uns noch einen Weg ausdenken und überlegen, wo die Schnitzel aufgehängt oder ausgestreut werden sollen. Und wo werden die Kontrollstellen sein, wer soll wo als Kontrolle sitzen und ... Himmel, da gibt es noch viel vorzubereiten, wenn auch nur fünf Ponys dabei sind!"

„Das schlimmste wird die Auswahl der Reiter sein", sagte Kicki. „Alle werden mitmachen wollen, ob sie gut reiten oder nicht."

„Am besten scheiden wir gleich diejenigen aus,

die noch immer mit einem Pferdeführer reiten, das ist doch richtig?" schlug ich vor. „Die können dafür bei den Kontrollstellen helfen."

Am nächsten Tag gab es wieder einen Anschlag an der Stalltür, dazu eine Liste, in der sich alle eintragen sollten, die mitmachen wollten. Die Neuigkeit von der bevorstehenden Schnitzeljagd verbreitete sich wie ein Lauffeuer, es wurde nur mehr davon gesprochen. Trotzdem wagte keiner der Schüler, sich in die Liste einzutragen, bevor er sich nicht genau bei mir erkundigt hatte, was eine „Schnitzeljagd" eigentlich war. War sie schwer zu reiten? Konnten sie bestehen?

Ich erklärte ihnen, daß sie einem Weg durch den Wald folgen müßten, der markiert sein würde. Alle dürften mitmachen, die Schritt und Trab allein und ohne Pferdeführer beherrschten.

„Aber", erzählte ich weiter, „längs der Bahn wird es Kontrollstellen geben, dort müßt ihr Pferdefragen beantworten. Für jede Antwort gibt es Punkte, und wer am besten geantwortet hat, wird Sieger."

„Oooh!" erklang es von allen Seiten. „Werden es schwere Fragen sein?"

„Natürlich, furchtbar schwer!" sagte ich, bemüht, ernst zu bleiben.

Der Tag der Schnitzeljagd brach an. Es war ein klarer und ein wenig kühler Spätsommer-Sonntag. Wir hatten den ersten Start für elf Uhr vorgesehen, aber die Mädchen, die als erste Pfleger arbeiteten, kamen schon zeitig am Morgen, um die Pferde zu striegeln, sie wollten sie richtig fein machen. Nach und nach tauchten dann die anderen auf, einzeln oder in Gruppen, und alle besprachen die bevorstehende Jagd.

„Mir kommt vor, manche von unseren Schülern haben die ganze Sippe mitgebracht! Du lieber Himmel – seht doch nur: Es kommen immer mehr Leute!" bemerkte Kicki.

Es stimmte. Überall parkten Autos. Auf dem großen Platz vor dem Stall wimmelte es von Müttern und Vätern und Geschwistern aller Altersstufen! Unsere jungen Reiter liefen schon aufgeregt herum, und sie fragten mich wohl hundertmal, ob die Fragen an den Kontrollstellen wirklich sehr schwer wären . . .

Der Starttermin rückte näher. Also machten Kicki und ich uns auf den Weg. Wir nahmen noch einige Mädchen mit, die dann längs der Reitbahn die Kontrollstellen besetzen sollten. Als sie alle eingeteilt waren und auch die Fragen auf Zetteln mitbekommen hatten, holten wir die Pferde und Reiter zum Start auf einer großen Wiese, nahe am Waldrand. Es war ein fröhliches Bild: die schön gestriegelten Ponys und die Jungen und Mädchen mit erwartungsvollen, nahezu feierlichen Gesichtern.

„Denkt bitte daran", ermahnte ich die Reiter, „daß ihr nur im Schritt und im Trab reiten sollt. Die Zeit wird nicht gerechnet. Hauptsache ist, daß ihr die Fragen so gut ihr könnt beantwortet."

Nun verlas ich die Namen der Kinder, die zum ersten Start antreten sollten. Sie saßen auf, ordneten die Steigbügel und kontrollierten den Sattelgurt. Nun konnte Kicki die erste losschicken. Es war Susanne auf Sessan. Sessan widersetzte sich natürlich und wollte unbedingt hinter Silber gehen, aber schließlich kamen die beiden doch los und trabten in den Wald hinein. Mit drei Minuten Abstand schickten wir einen nach dem anderen los, immer wieder verschwanden die Teilnehmer gleich nach dem Start im Wald.

Uns blieb nun nichts anderes übrig, als zu warten, denn Start und Ziel waren zusammengelegt. Wir hatten berechnet, daß es ungefähr eine Viertelstunde oder zwanzig Minuten dauern konnte, bis die vorgeschriebene Runde geritten war. Es dauerte auch nicht viel länger, bis Susanne auf Sessan wieder auftauchte. Sie kam im Schritt die Wiese heruntergeritten, und Sessan sah diesmal richtig munter und hübsch aus.

„Wie war es? War es schwer?" wollten alle Wartenden wissen.

Susanne antwortete mit der Überlegenheit einer Pony-Besitzerin: „Aber nein, nicht sehr."

„Du darfst nichts erzählen!" warnte ich sie, „sonst wirst du ausgeschlossen!"

„Soweit käm's noch", antwortete Susanne überlegen und gab Sessan eine Mohrrübe, ehe sie sie dem nächsten Reiter überließ.

„Du kannst glücklich sein, du hast es hinter

dir!“ piepste die Kleine und kletterte auf Sessan. Als sie startete, kamen eben Scheck und Ingela aus dem Wald heraus. Ingelas Mutter nahm die Tochter strahlend in Empfang: „Na, wie war es? War es sehr schwer?“

Ingela beteuerte: „Es war wahnsinnig schwer! Ich habe keine einzige Frage richtig beantworten können. Aber es war trotzdem herrlich, und Scheck war goldig!“

Am Ende der großen Wiese, dort wo der Wald begann, gab es einen kleinen Graben, viel zu klein, als daß ein Pferd sich die Mühe machte, darüberzuspringen! So dachten wir! Sessan und Scheck waren auch ganz brav darübergestiegen, nun aber tauchte Silber am Waldesrand auf, geritten von meiner kleinen Pferdepflegerin Ann.

Die beiden kamen in einem flotten Trab aus dem Wald heraus. Silber sah den Graben, und – so klein er war – er war zum Springen da! Fand Silber jedenfalls ...

„Ooooh!“ hörte ich Ann rufen, als Silber mit einem weiten Sprung über den Graben setzte. Ann verlor die Steigbügel und die Zügel, aber Silber galoppierte frohen Mutes so schnell er nur konnte die Wiese herunter zu uns. Dort bremste er heftig ab. Die arme Ann rutschte vom Sattel bis zu Silbers Hals. Alle lachten, und Ann selbst lachte auch und rückte sich rasch wieder richtig in den Sitz.

„Noch nie in meinem Leben bin ich so einen Galopp geritten!“ sagte sie, und es klang, als könne sie noch nicht richtig atmen. „O Silber! Du bist wunderbar, nur ich muß noch besser reiten lernen!“

Lange Zeit ereignete sich nichts Besonderes. Dann fiel uns auf, daß wir Sessan recht lange nicht gesehen hatten, deshalb beschlossen wir, den nächsten Reiter, der durchs Ziel kam, zu fragen, ob er an Sessan vorbeigekommen wäre.

Es war Marie, Organdies Pferdepflegerin, die als nächste aus dem Wald kam. Sie ritt Rauhbein und war sehr zufrieden mit ihm. Er war die ganze Strekke brav wie ein Engel.

„Hast du Sessan irgendwo auf der Strecke gesehen?“ fragten wir.

Marie lachte, daß sie kaum antworten konnte: „Klar! Sie geht oben im Wald herum und weidet. Der arme Junge, der sie geritten hat, reißt an den Zügeln aus ganzer Kraft, aber es nützt nichts. Wir sollten Sessan holen! Wenn ihr wollt, kann ich es tun“, erbot sie sich, also übernahmen wir Rauhbein, und Marie machte sich auf den Weg.

Plötzlich kam Lillebror aus dem Wald angebraust, ohne Reiter und mit fliegenden Zügeln. Er galoppierte mit hoch erhobenem Kopf und wieherte die ganze Zeit und sah aus, als ließe er sich auf keinen Fall einfangen. Bald nach ihm kam Pia über die Wiese gestolpert, mit bitterbösem Gesicht. Wir versuchten alle, Lillebror zu fangen, aber er war überreizt und wild. Vermutlich hätten wir es nicht geschafft, wenn er sich nicht selbst in den Zügeln verheddert hätte und wie gefesselt stehenbleiben

Bitterböse stolpert
Pia hinter dem
wilden Lillebror her

mußte. Ganz plötzlich war er wieder fromm, und Pia konnte ihn selbst übernehmen.

Die letzte Startnummer wurde aufgerufen und losgeschickt, mit dem Auftrag, allen Kontrollstellen zu sagen, daß sie die letzte Reiterin sei und daß die an den Kontrollen sitzenden Mädchen zum Klubhaus kommen konnten.

Ohne weiteren Zwischenfall war die Schnitzeljagd zu Ende. Ich hatte meine Kamera mitgenommen und eifrig geknipst und hoffte, ein paar gute Bilder zur Erinnerung geschossen zu haben.

„Wann erfahren wir das Ergebnis?“ fragte Susanne aufgeregt, als wir zum Stall gingen.

„Wir wollen uns sofort daranmachen und alles ausrechnen“, versprach ich. „Wenn ihr inzwischen die Pferde gut versorgt, dann wird das schnell geschehen.“

Kicki und ich sammelten alle Kontrollkarten ein, verjagten die neugierigen Ungeduldigen, die sich um uns drängten und sperrten uns im Klubhaus ein.

„Himmel!“ rief ich bei einer Karte aus. „Man sollte es nicht für möglich halten! Sieh nur, auf dieser Karte sind nur zwei Fragen richtig beantwortet – und ich dachte, die Fragen seien ganz leicht!“

„Du – ja!“ sagte Kicki nur. „Du reitest schon seit Jahren und hast vermutlich unzählige Fachbücher und Literatur über Pferde und über das Reiten gelesen. Kannst du dich erinnern, daß ich dich warnte? Einige unserer Schüler wissen absolut nichts, und man kann es auch nicht verlangen!"

„Aber dann müssen wir etwas dagegen tun", erwiderte ich mit Überzeugung. „Könnten wir nicht Theorie-Kurse veranstalten? Du weißt ja, während der Reitstunde hat man keine Zeit, über etwas anderes zu reden."

„Das wäre schon eine Idee", meinte Kicki nachdenklich und etwas abwesend. „Darüber können wir uns noch unterhalten. Jetzt müssen wir uns vor allem beeilen und die Ergebnisse ausrechnen."

Ein einziges Mädchen hatte alle Fragen richtig beantwortet, es war Marie.

Die Zweitbeste war Susanne, die Besitzerin der Stute Sessan. Sie hatte nur wenige Fragen falsch beantwortet. Auf den dritten Platz kam meine kleine Pferdepflegerin Ann, und darüber freute ich mich sehr.

„Alle übrigen haben miserabel abgeschnitten", stellte Kicki fest. „Lassen wir jetzt die kleinen Wilden herein – es ist Zeit für Kokoskugeln und für Pferdefotos!"

Wir hatten den Tisch in meiner Küche gedeckt. Jetzt strömten die Kinder erwartungsvoll herein, der kleine Raum war überfüllt. Alle schwiegen und warteten gespannt auf die Verlesung der Gewinner.

„Den ersten Preis errang Marie auf Rauhbein", begann ich. „Sie hat alle Fragen richtig beantwortet."

„Nein . . . oh . . . wirklich!" stieß Marie aus und ließ sich glücklich auf einen Stuhl fallen. Alle lachten und applaudierten, und Marie kam verlegen, mit einem roten Kopf nach vorn, um sich ihren Preis abzuholen.

Dann war Susanne an der Reihe. Neuer Applaus. Susanne nahm sich selbstverständlich ein Bild von Sessan.

Ann war ganz überrascht, als sie für den dritten Platz aufgerufen wurde. Sie konnte es kaum glauben.

Als die feierliche Preisverteilung zu Ende war, kauten und lutschten die Sieger an ihren Kokoskugeln, umdrängt von den anderen, die vor allem die Pferdefotos bewundern wollten.

„Ich werde meines einrahmen und hänge es in meinem Zimmer an die Wand“, sagte Marie freudestrahlend.

Endlich zu dritt!

Der Herbst war gekommen, die Luft wurde rauh, die Nächte waren kühl. Wir holten die Pferde jeden Abend in den Stall, der inzwischen wunderschön und fein geworden war. Die Decke und der obere Teil der Wände waren weiß getüncht, alle Verschläge und Boxen rot gestrichen. Alles sah sauber und richtig wie neu aus, der Boden in den Boxen bestand aus dicken Planken, die noch keine Furchen und Risse zeigten.

Während des Sommers hatten wir die Pferde eingestellt, wie es eben kam, meist nur, um sie für die Reitstunden zu striegeln und nachher zu versorgen. Nun aber mußte jedes Pferd seinen endgültigen und bestimmten Platz bekommen. Wir hatten sechs Verschläge und vier Boxen in diesem Stall zur Verfügung, die Verschläge waren zu beiden Seiten des Mittelganges eingerichtet, je drei auf jeder Seite, die Boxen am Kopfende des Stalles.

„Die Vollblutpferde sollen natürlich in den Boxen oben stehen", sagte Thomas. „Lord Peter muß unbedingt Ruhe haben, und das ist nur am Ende des Stalles möglich."

Thomas hatte recht, deshalb entschieden wir, daß Lord Peter und Organdie die Boxen haben sollten, die am entferntesten Ende des Stalles lagen. Rauhbein und Patrik bekamen die beiden anderen.

„Kurre ist immer in einem Verschlag gestanden, er ist daran gewöhnt", sagte Agneta. Sie war zufrieden, als ihr Pferd den Verschlag gleich neben Rauhbeins Box bekam. Sessan wurde seine Nachbarin, und den beiden genau gegenüber stellten wir Lillebror und Scheck in die Verschläge. So füllte sich der Stall langsam und wirkte schon recht gemütlich. Es blieben nur die zwei Verschläge übrig, die unmittelbar an der Stalltür lagen. In einen stellten wir die Mistkarre, alle Spaten und Besen – und in dem anderen hauste eine Ziege!

Und Silber? Was wurde aus ihm? Und Siboney, die bald kommen sollte?

„Du hast doch zwei Boxen bei deinem kleinen Häuschen, und die sind bestimmt gut. Willst du nicht deine Pferde direkt bei dir haben?" antwortete Kicki, als ich mit ihr darüber sprach.

Daß ich nicht selbst daraufgekommen war! Ich rannte sofort hinüber und untersuchte alles an Ort und Stelle. Es waren zwei geräumige Verschläge für die Ardenner gewesen, aber Hasse hatte Türen angebracht und sie zu Boxen umgebaut. Sie waren wunderbar für Silber und Siboney. Freilich, hier war nichts frisch getüncht, alles war ein wenig schmutzig und arg abgenützt. Aber was machte es aus! Thomas half mir, den Boden mit frischen Planken auszustatten, und Ann erklärte sich begeistert bereit, den ganzen kleinen Stall zu scheuern. Also machten wir uns gemeinsam an die Arbeit. Als alles rein war und mein Stall nur noch nach Seife duftete, legten wir die Boxen mit Stroh aus. Alles war zum Empfang bereit!

Spät an einem Sonntagabend kam Siboney. Madeleine konnte nicht selbst kommen, also schickte sie das Pferd mit einem großen Transporter. Der Fahrer des Wagens und sein Mitfahrer öffneten die schwere Tür, und einer von ihnen führte Siboney aus dem dunklen Innenraum heraus. Die arme Kleine, sie sah so ängstlich aus, als sie mit steifen Beinen an der Rampe stand und es nicht wagte hinabzugehen. Sie blähte ihre Nüstern und atmete heftig.

Wie klein sie ist, wie hilflos – dachte ich,

und wieder spürte ich eine Woge der Zärtlichkeit für mein Fohlen in mir aufsteigen. Einer der Männer gab ihr einen leichten Stoß, und schon stolperte sie wild gehetzt die Rampe hinunter. Dann stand sie zitternd auf ihren langen, schmalen Beinen da und sah erschrocken um sich.

„Ich nehme sie jetzt selbst", sagte ich zu den Männern und bezahlte die Transportgebühr. Dann führte ich mein Fohlen in den Stall. Dort sollte es sein neues Heim finden. Ich war froh, daß ich an diesem Abend allein in der Reitschule war, diese Stunde wollte ich ganz für mich haben.

An der Tür zum Stall blieb Siboney stehen und weigerte sich, hineinzugehen. Ich redete ihr gut zu, aber sie blieb eigensinnig und schob bockig nur ihren Unterkiefer vor. Silber tobte inzwischen im Stall, er trampelte aufgeregt in seiner Box herum, wieherte und schnaubte.

„Du vergißt wohl ganz deine gute Erziehung, Silber", schimpfte ich mit ihm. „Aber heute macht das nichts aus, wenn du mir nur dieses kleine Fräulein überreden kannst, zu dir in den Stall zu kommen!"

Nach einer Weile entschloß sich Siboney, ein paar vorsichtige Schritte über die Schwelle der Stalltür zu wagen. Silber zeigte sich überglücklich. Er liebte es, Gesellschaft zu haben. Seine schönen Augen leuchteten auf. Siboney dagegen zeigte sich reserviert und schien auch ein wenig Angst zu haben. Sie stellte sich mit steifen Beinen mitten in die Box. Ihr verängstigtes, jammerndes Wiehern war wie ein Weinen.

„Ja, ja, mein kleines Pferd“, tröstete ich sie. „Du wirst dich bald heimisch fühlen, habe nur Geduld!“

Ich versorgte die Tiere mit Wasser und Heu. Dann blieb ich noch bei ihnen sitzen und horchte auf das friedliche Mahlen ihrer Kiefer, während sie voll Genuß das duftende Heu kauten. Wie würde sich dieser Herbst gestalten? Ich dachte viel nach. Die Schüler unseres Klubs mußten nun zur Schule gehen – also hatte ich die Tage zu meiner Verfügung. Der Sommer war so schnell vergangen, ich hatte es kaum bemerkt, bei all der neuen Arbeit. Vielleicht konnte ich jetzt, im Herbst, regelmäßig mit Silber Springen und Dressur trainieren, was ich sehr vernachlässigt hatte . . .

Und Siboney? Ich betrachtete die kleine Stute. Sie abzurichten würde unsagbar viel Zeit und viel Geduld brauchen. Zunächst mußte sie sich an mich gewöhnen. Sie durfte nicht mehr beißen und um sich schlagen, sobald sie nur eine Bürste sah. Das allein war schon eine Aufgabe! Und abends würden dann die Jungen und Mädchen zum Reitunterricht kommen. Ja, der Herbst brachte also viel Arbeit, aber das war gut so, und ich liebte ja meine Arbeit!

Der nächste Tag war ein Montag, der Ruhetag für unsere Schulpferde. Thomas und Kicki kamen natürlich abends herausgefahren, denn Thomas wollte Lord Peter reiten, und Kicki war sehr neugierig auf Siboney.

„Ich will dich lieber gleich warnen“, sagte ich. „Sie hat Ohren wie ein Esel, einen Unterbiß, und sie beißt und schlägt aus.“

Kicki blickte über den Rand der Box. Lange Zeit sagte sie nichts. Siboney hielt ihren Kopf ein wenig schräg zur Seite, wie sie es immer tut, wenn sie neugierig ist, und Kicki lachte ihr zu.

„Nein, schön ist sie wirklich nicht“, meinte Kicki schließlich. „Aber sie hat irgendwie den Charme der Häßlichkeit – falls du verstehst, was ich meine.“

Ja, das verstand ich durchaus, und Kicki redete gleich weiter: „Sie kann sich auch in den nächsten Jahren noch sehr ändern. Hasse behauptet, Patrik wäre so häßlich gewesen, als er ihn gekauft hat. Und sieh Patrik jetzt an! Er ist doch ganz bezaubernd.“

Ich fühlte mich sehr getröstet.

Zeitig am nächsten Morgen machte ich mich daran, meinen kleinen Stall zu säubern. Ich kehrte und schrubbte die Böden der Boxen, versorgte sie mit frischem Stroh und frischem Futter. Dann striegelte ich beide Pferde. Silbers Fell war kurz und glänzend, aber es zeigten sich an verschiedenen Körperstellen gelbe Flecken, wie es oft bei Schimmeln ist. Siboney hatte ihren Fohlen-Pelz noch nicht verloren. Ihr Haar war dick, wollig, zottelig und strähnig. Es blank und fein zu striegeln war wirklich keine leichte Arbeit, vor allem deshalb, weil Siboney absolut nicht mochte. Sie wollte keinen Augenblick still stehen, wenn ich sie mit den Bürsten bearbeitete; es blieb mir nichts anderes übrig, als ihr Silbers Halfter überzuziehen und sie anzubinden. Ihr eigenes Halfterband hatte sie beim ersten Versuch zerrissen, jetzt hatte ich sie immerhin so weit, daß sie sich binden ließ und dann ruhig stehenblieb. Ich schrubbte sie zuerst mit einer Wurzelbürste ab, und sie drehte und wand sich wie ein Wurm, sie fuhr beinahe aus ihrer Haut, nur um mir zu entkommen.

„Du armes Kerlchen, bist du so kitzelig, oder bist du nur dumm?" schimpfte ich zärtlich mit ihr und wich geschickt ihren kleinen, heftig schlagenden Hufen aus. „Du mußt dich an diese Pflege gewöhnen, verstehst du? Es muß sein . . ."

Ich bearbeitete unverdrossen ihr Hinterteil und bürstete dann vorsichtig den kurzen, kleinen Fohlenschwanz und bemühte mich, nicht unnötig zu zerren und zu reißen. Dann versuchte ich ihr Fell mit dem Striegel zu glätten. Siboney legte die Ohren zurück und warf mir böse Blicke zu. Ich seufzte; wie lange würde es noch dauern, bis sie aufgab und sich wie ein normales Pferd verhielt?

Dann sattelte ich Silber und legte ihm die Trense an. Ich führte beide Pferde auf den Vorplatz, denn ich hatte mir vorgenommen, einen frühen Morgenritt zu unternehmen, und wollte Siboney als Handpferd mitnehmen.

Keine menschliche Seele war zu sehen, als ich

losritt, aber ich fand das schön. Es ist wunderbar, allein unterwegs zu sein. Das Fohlen mitzuführen war ein Experiment, das war mir klar, und dafür brauchte ich keine Zuschauer oder Lacher. Vielleicht kam es so, daß die beiden Pferde plötzlich auseinanderstrebten, meine Arme immer länger und länger wurden ... Ich war auf alles gefaßt.

Langsam, im Schritt, ging es über die große Wiese und hinein in den Wald. Die Pferde gingen brav nebeneinanderher, nur hie und da tat Siboney einen ängstlichen Sprung zur Seite, wenn Silber ihr mit seiner Schnauze eine fröhliche Liebesbezeugung in Form eines kleinen Schnappers geben wollte. Trotzdem war es nicht leicht, zwei Pferde zu führen, das merkte ich sehr bald, auch diese beiden fanden es auf die Dauer nicht sehr schön. Silber wurde ungeduldig, er wollte sich bewegen, das Fohlen wurde plötzlich bockig, blieb stehen, wollte nicht mehr weiter. Schon mehrmals war ich nahe daran, aus dem Sattel gezogen zu werden.

Auf dem Rückweg ließ ich die Pferde eine Zeitlang traben. Siboney trieb Unsinn, sprang quer und leistete Widerstand, aber Silber bekam dadurch nur noch mehr Ansporn und begann zu galoppieren. Ich ließ die beiden laufen, wie sie wollten, und freute mich, daß sie endlich Spaß hatten. Als ich nicht mehr konnte, zügelte ich sie. Atemlos und schwitzend fielen wir wieder in den Schritt.

Trotzdem war ich mit einemmal bei strahlender Laune: Silber war ein herrliches Pony; das zeigte sich immer wieder. Und Siboney würde sich auch nach und nach gut entwickeln.

Als wir über die Wiesen heimwärts ritten, merkte ich zu meiner Überraschung, daß das Laub der Bäume braun, gelb und leuchtendrot schimmerte. Drüben, in der Bahn, galoppierte Thomas auf Lord Peter.

Auch einige Pferdepflegerinnen waren schon gekommen. Im diesigen Sonnenlicht sah ich sie bei der Arbeit, sie striegelten und bürsteten ihre geliebten Vierbeiner.

Ich beugte mich im Sattel vor und strich mit der Hand über Silbers weiche, wogige Mähne, dann klopfte ich Siboney vorsichtig und zärtlich den Hals.

„Gleich sind wir wieder zu Hause, meine lieben Pferde!“ sagte ich.

Titel der schwedischen Originalausgabe:

Raben & Sjögren, Stockholm

Deutsche Übertragung: Herta Weber-Stumfohl

Die vier ersten Bände heißen:
Britta reitet die Hubertusjagd
Britta und ihr Pony
Britta siegt auf Silber
Britta als Pferdebursche

Deckelbild und Illustration:
Kajo Bierl
Textredaktion: Ulrike Rost
Schrift: 14/13 Punkt Garamond-Fotosatz
Druck: Presse-Druck, Augsburg
Bestellnummer: 4864
Deutsche Ausgabe:

München – Wien
ISBN 3 505 04864 X

Britta ist so glücklich

LISBETH PAHNKE

Britta als Pferdebursche

Sie hält sich an der Mähne ihres Pferdes fest und genießt den schnellen Ritt. Jeden Tag kann Britta jetzt nach Herzenslust reiten. Nach ihrer Schulzeit lebt Britta ein Jahr lang auf einem Bauernhof. Dort striegelt sie Pferde, mistet aus, reitet junge Vollblüter zu, und eines Tages kauft sie sich voller Stolz ihr erstes eigenes Pferd.

Voller Stolz saß Britta auf ihrem Pferd

LISBETH PAHNKE

Britta reitet die Hubertusjagd

Britta ist traurig: Was soll sie in den Ferien auf der Insel unternehmen. Da liest sie eine Anzeige: „Pony entlaufen!“, und sie durchquert mit dem Fahrrad das Gelände, um das Pony zu suchen. „Lilleman“, das scheue schwarze Pferdchen, wird von da ab ihr liebster Ferienkamerad.

Schneider-Buch